DISCIPULADO

DISCIPULADO

Herramienta

de crecimiento

espiritual

para todo

cristiano

HUMBERTO LAY

$\mathscr{L}$a misión de EDITORIAL VIDA es proporcionar los recursos necesarios a fin de alcanzar a las personas para Jesucristo y ayudarlas a crecer en su fe.

© 1996 EDITORIAL VIDA
Miami, Florida 33166-4665

Diseño de cubierta: *Gustavo A. Camacho*

ISBN 0-8297-2884-8

Categoría: *Educación Cristiana / Estudios Bíblicos*

Impreso en Estados Unidos de América
Printed in the United States of America

08 09 ❖ 15 14

CONTENIDO

DISCIPULADO

Tu nueva vida en Cristo

HUMBERTO LAY

Índice

INTRODUCCIÓN

T e felicitamos por haber tomado la decisión más importante de tu vida: recibir a Jesucristo como tu Salvador y Señor. Has experimentado aquello que Jesús llama el "NUEVO NACIMIENTO" (Juan 3:3,5). El apóstol Pablo dice: "De modo que si alguno está en Cristo, nueva criatura es; las cosas viejas pasaron, he aquí todas son hechas nuevas" (2 Corintios 5:17).

Dios te ha perdonado por medio de Jesucristo, y hace posible para ti el vivir una VIDA ABUNDANTE; es decir, una vida de paz, gozo, victoria sobre los pecados; una vida con propósito y seguridad de la vida eterna.

Pero el crecer en la vida cristiana es el resultado de permanecer unidos a Cristo por la fe: "El justo por la fe vivirá" (Gálatas 3:11). Es una vida de fe lo que te unirá más y más a Cristo, y te dará esa vida abundante. Por eso, practica lo siguiente:

1. Conversa con Dios en oración cada día. "Si permanecéis en mí, y mis palabras permanecen en vosotros, pedid todo lo que queréis, y os será hecho" (Juan 15:7).

2. Lee la Biblia cada día. "Porque la Palabra de Dios es viva y eficaz, y más cortante que toda espada de dos filos; y penetra hasta el alma y el espíritu, las coyunturas y los tuétanos, y discierne los pensamientos y las intenciones del corazón" (Hebreos 4:12).

3. Confía en Dios para cada problema. "echando toda vuestra ansiedad en Él, porque Él tiene cuidado de vosotros" (1 Pedro 5:7).
4. Congrégate con el pueblo de Dios. "no dejando de congregarnos, como algunos tienen por costumbre, sino exhortándoos; y tanto más, cuanto veis que aquel día se acerca" (Hechos 10:25).
5. Habla a otros de Cristo. "Y Jesús se acercó y les habló diciendo: Toda potestad me es dada en el cielo y en la tierra. Por tanto, id, y haced discípulos a todas las naciones, bautizándolos en el nombre del Padre, y del Hijo, y del Espíritu Santo; enseñándoles que guarden todas las cosas que os he mandado; y he aquí yo estoy con vosotros todos los días, hasta el fin del mundo" (Mateo 28:18-20).
6. Obedece a Dios momento a momento. "El que tiene   mis mandamientos, y los guarda, ése es el que me ama; y el que me ama, será amado por mi Padre, y yo le amaré, y me manifestaré a él" (Juan 14:21).

Querido(a) hermano(a): en las Sagradas Escrituras se nos exhorta a congregarnos regularmente (Hechos 10:25), pues los cristianos somos como brasas de carbón, que ardemos más si permanecemos juntos; pero nos apagaremos como esas brasas si nos apartamos o separamos. Por eso te animamos a congregarte en la iglesia donde Dios te ha puesto, para adorarle y edificarte en su Palabra, así como para estrechar vínculos de compañerismo cristiano en el amor de Dios.

Confiamos en que seguirás adelante, y que terminarás este curso con mucha bendición para ti. Serán diez semanas emocionantes con la Palabra de Dios; descubrirás los fundamentos que harán de tu vida una aventura gozosa y victoriosa; conocerás más al Señor Jesucristo y aprenderás a amarlo cada día más. Irás descubriendo las bendiciones de LA NUEVA VIDA que Dios te ha dado en Cristo.

No vaciles en consultar a tu discipulador(a) o consejero(a) sobre cualquier duda que tengas en cuanto a este estudio, o sobre cualquier problema en tu vida cristiana. Dios te bendiga.

Cómo estudiar este libro

Es recomendable estudiarlo en grupos de 8 a 12 personas como máximo.

El alumno debe estudiar la lección personalmente durante la semana, pidiendo en oración que el Espíritu Santo le ayude a comprender las verdades de la Palabra de Dios. Debe leer y meditar en los textos indicados y responder a las preguntas que se le hacen. También debe orar para que esa Palabra se haga parte de su ser y le dé forma a su vida.

Una vez por semana se reunirán con un maestro, quien dirigirá la consideración de la lección, permitiendo en lo posible la intervención de todos los alumnos; aclarando conceptos y guiando a conclusiones prácticas para la vida.

En cada sesión se puede dar testimonio de situaciones concretas en las que lo estudiado fue de bendición para cada uno de ellos, a fin de enriquecer la enseñanza con experiencias de la vida diaria.

Obedece a Dios cada momento. "El que tiene mis mandamientos, y los guarda, ése es el que me ama; y el que me ama, será amado por mi Padre, y yo le amaré, y me manifestaré a él" (Juan 14:21).

Habla a otros de lo que Cristo ha hecho y hace por ti. Dale a conocer a otros del maravilloso amor de Dios, que también es para ellos.

Lección 1

UNA NUEVA VIDA: EL NUEVO NACIMIENTO

En el Evangelio según San Juan, capítulo 3, versículos 1 al 8 hay un diálogo muy interesante del Señor Jesucristo con un hombre llamado Nicodemo, "un principal entre los judíos".

En este diálogo hay una afirmación del Señor que suena extraña a nuestra lógica o a nuestras creencias religiosas tradicionales, y que debemos analizar cuidadosamente, porque tiene que ver con algo de vital importancia para todos: "El que no naciere de nuevo, no puede ver el reino de Dios".

Analicemos cuidadosamente esta declaración de Jesús:

1. Las palabras "el que" nos indican que incluye a todas las personas, y no sólo a Nicodemo con quien estaba conversando, o a las personas muy malas o pecadoras solamente. Esto nos incluye a ti y a mí, no importa qué pensemos de nuestra condición espiritual.

2. "El que no naciere de nuevo" establece que hay una condición necesaria e indispensable para todos por igual. Esta condición es el NUEVO NACIMIENTO.

Ante la pregunta de Nicodemo: "¿Cómo puede un hombre nacer siendo viejo?, Jesús le aclara que no se trata de nacer de nuevo físicamente, sino nacer "del agua y del Espíritu". Es decir, una experiencia espiritual.

3. Por último, la declaración completa "El que no naciere de nuevo no puede ver el reino de Dios", establece rotunda y claramente que no hay otra manera de entrar en el reino de Dios sino por medio del NUEVO NACIMIENTO.

Esta condición excluye toda otra forma de pretender entrar al reino de Dios, como las buenas intenciones, las buenas obras, las religiones, la cultura, el dinero, las filosofías, etc., que son los conceptos que por lo general tenemos de acuerdo con nuestros propios razonamientos.

Es interesante que Nicodemo era una autoridad religiosa de mucho prestigio, de una vida intachable según las normas morales y religiosas de su tiempo; ayunaba con regularidad, oraba, daba sus diezmos fielmente y conocía las Sagradas Escrituras. Sin embargo, Jesús lo incluye entre los que necesitaban el NUEVO NACIMIENTO PARA UNA VIDA NUEVA.

Pero veamos la enseñanza de la Palabra de Dios en cuanto al NUEVO NACIMIENTO QUE RESULTA EN UNA VIDA NUEVA.

A. NECESIDAD DEL NUEVO NACIMIENTO

La Biblia nos revela que cuando Adán y Eva pecaron, no sólo se hicieron merecedores del castigo de Dios y fueron expulsados del Edén, sino que su misma naturaleza espiritual cambió. Desde entonces, esa naturaleza espiritual ha pasado de una generación a otra, y nosotros mismos la hemos heredado.

Romanos 5:12 dice: "Por tanto, así como el pecado entró en el mundo por un hombre, y por el pecado la muerte, así la muerte pasó a todos los hombres . . ."

Anota qué dice Dios en los textos siguientes:

1. Jeremías 13:23. ¿Podemos cambiar nuestra naturaleza por nosotros mismos?

_____

2. Romanos 3:10-12. ¿Habrá alguna persona justa que no necesita nacer de nuevo?

_____

3. Romanos 3:23. ¿Cuál era nuestra condición?

_____

_____

4. Efesios 2:1-3. ¿Cómo estábamos, y qué éramos antes de conocer a Cristo?

_____

_____

El estado del hombre natural -sin vida espiritual y sin capacidad moral ni espiritual para responder al llamado de Dios- hizo que Él, en su misericordia y sabiduría, tomara la iniciativa en este aspecto. Sin la intervención regeneradora de Dios el hombre no tendría esperanza de salvación.

Es duro reconocer esto, pero la experiencia de cada uno de nosotros lo comprueba, cuando recordamos con cuánta facilidad nos inclinamos al mal, y lo difícil que es vivir una vida de santidad. Es nuestra experiencia desde la niñez, y se revela tristemente en la condición espiritual, moral y social de la humanidad de todos los tiempos.

B. EN QUÉ CONSISTE EL NUEVO NACIMIENTO

Es la obra del Espíritu Santo, por medio de la Palabra de Dios, en que nuestra disposición moral y espiritual es renovada a la imagen de Cristo (Efesios 2:10).

Es un cambio profundo que Dios produce en nosotros al dar vida a nuestro espíritu por su Espíritu, haciéndonos susceptibles a su voz (Ezequiel 11:19).

Es comenzar una nueva vida, en que nuestros motivos, escala de valores, inclinaciones, metas y propósitos en la vida son cambiados por nuestra unión con Cristo por medio de la fe. "De modo que si alguno está en Cristo, nueva criatura es; las cosas viejas pasaron; he aquí todas son hechas nuevas" (2 Corintios 5:17).

Nadie puede nacer de nuevo sin escuchar la Palabra de Dios y sin la obra del Espíritu Santo. No se trata, pues, de obras o de voluntad humanas, sino del obrar sobrenatural de Dios. "los cuales (los hijos de Dios) no son engendrados de sangre, ni de voluntad de carne, ni de voluntad de varón, sino de Dios" (Juan 1:13); "Porque por gracia sois salvos por medio de la fe; y esto no de vosotros, pues es don de Dios; no por obras, para que nadie se gloríe" (Efesios 2:8-9).

C. NUESTRA PARTE EN EL NUEVO NACIMIENTO

1. Reconocer nuestro pecado, y arrepentirnos de él.
2. Creer que Jesucristo, el Hijo de Dios, murió en la cruz, por nuestros pecados; que resucitó, y que está a la diestra del Padre, en la gloria.
3. Apropiarnos personalmente de su obra en la cruz, creyendo y aceptando que nuestros pecados han sido perdonados ya, porque Cristo pagó por todos ellos al morir en la cruz. "que si confesares con tu boca que Jesús es el Señor, y creyeres en tu corazón que Dios le levantó de los muertos, serás salvo" (Romanos 10:9).
4. Recibir a Cristo como único Señor y Salvador de nuestra vida, abriéndole nuestro corazón para que entre a morar allí por su Espíritu Santo. "Mas a todos los que le recibieron, a los que creen en su nombre, les dio potestad de hacerse hijos de Dios" (Juan 1:12).

D. LA PARTE DE DIOS EN EL NUEVO NACIMIENTO

Si nosotros hacemos lo que nos toca, entonces Dios:

1. Perdona todos nuestros pecados (Hebreos 10:17).
2. Cambia la disposición de nuestro corazón. Antes, nuestra facultad para amar era dirigida egoístamente a nuestro yo. En el nuevo nacimiento esta dirección es cambiada, y es dirigida a Dios en primer lugar (Ezequiel 36:26-27).
3. Nos da percepción de las cosas espirituales, y capacidad para entablar una relación personal con Él (Efesios 1:18).
4. Somos adoptados como hijos suyos (Juan 1:12). Antes éramos solamente sus criaturas, sin una relación filial con Él.
5. Nos hace participantes de su naturaleza (2 Pedro 1:4). Es decir, Dios nos imparte de su misma vida por medio del Espíritu Santo, quien viene a morar en nosotros. Este tema lo ampliaremos más adelante.
6. Nos da vida eterna (Juan 5:24; 10:27-29).
7. Nos da una VIDA NUEVA (2 Corintios 5:17).

E. ¿SENTIMIENTOS O HECHOS?

Nuestra seguridad se basa en las promesas de la Palabra de Dios y no en nuestros sentimientos. El cristiano vive por fe (confianza) en la veracidad de Dios y en su Palabra como hechos concretos y permanentes, y no en la relatividad y la inestabilidad de nuestros sentimientos.

Una fe genuina producirá sentimientos o emociones de gozo, paz, amor y gratitud a Dios, etc. Pero nuestra salvación no depende de esos sentimientos, sino de nuestra fe en los hechos de la Palabra de Dios: que Cristo pagó por nuestros pecados en la cruz del Calvario muriendo en nuestro lugar. Por lo tanto, si hemos reconocido nuestro pecado, y hemos aceptado el pago que él hizo, y lo hemos reconocido como nuestro Salvador y Señor, ya no tenemos que pagar por ellos, sino que Dios ¡ya nos perdonó y nos dio vida eterna!

F. REPASANDO LO ESTUDIADO

Ahora que has visto algunas enseñanzas de la Palabra de Dios en cuanto al NUEVO NACIMIENTO y la VIDA NUEVA en Cristo, responde a las siguientes preguntas:

1. ¿Cómo puedes tener VIDA ETERNA?

_____

2. Tener padres cristianos o nacer en una familia cristiana, ¿te hace un hijo de Dios?

_____

3. ¿Qué te hace ciudadano del Reino de Dios? (Juan 3:3-5)

_____

4. ¿Cómo describe Jesús el NUEVO NACIMIENTO? (Juan 3:7-8)

_____

5. ¿Cuál es tu parte en el NUEVO NACIMIENTO?

_____

_____

6. ¿Cuál es la parte que le corresponde a Dios en tu NUEVO NACI-
MIENTO?

_____

_____

7. En sentimientos o en hechos; ¿sobre cuáles has fundamentado tu
vida? (1 Juan 5:11-12)

_____

_____

8. Escribe en el orden correcto los 3 elementos que intervienen en tu
fe

_____

9. ¿De qué manera se ha manifestado tu NUEVA VIDA desde que
hiciste a Cristo tu Señor?

_____

_____

_____

_____

_____

Memoriza los siguientes versículos

"Mas a todos los que le recibieron, a los que creen en su nombre,
les dio potestad de hacerse hijos de Dios."

Juan 1:12

"Porque de tal manera amó Dios al mundo, que ha dado a su Hijo
unigénito, para que todo aquel que en él cree, no se pierda, mas tenga
vida eterna."

Juan 3:16

Notas y comentarios

_____

_____

_____

_____

_____

Lección 2

UNA NUEVA POSICIÓN: LA JUSTIFICACIÓN

Hemos visto en la lección anterior que, por la fe puesta en Cristo, Dios te ha dado una nueva vida. Te ha dado un nuevo nacimiento, y en Cristo ya eres "nueva criatura", tal como lo revela el apóstol Pablo en 2 Corintios 5:17.

En esta lección veremos otro aspecto muy importante de la obra de Dios a tu favor por medio del Señor Jesucristo. Para que tu nueva vida se desarrolle, y pueda establecerse una relación de amor y comunión espiritual con Él sin barreras, es necesario que no tengas dudas respecto a tu aceptación por parte de Dios.

Dios hace esto precisamente en lo que la Biblia llama JUSTIFICA-CIÓN. En el nuevo nacimiento recibiste UNA NUEVA VIDA Y NA-TURALEZA; en la justificación recibes UNA NUEVA POSICIÓN delante de Dios.

Podemos ilustrar la diferencia entre el nuevo nacimiento y la justi-ficación, con lo que sucede con un recluso de una cárcel que sale al cumplir su condena. Una cosa es salir a la libertad al cruzar las rejas de la cárcel, lo que equivale al nuevo nacimiento, y otra cosa es que la sociedad acepte de nuevo a ese ex recluso, olvidándose de sus delitos pasados, por los cuales ya cumplió una condena, lo trate como a una persona justa, y que él mismo se sienta una persona justa. Esto equivale a la justificación.

Por lo general el mundo nunca perdona a un ex recluso, y éste siente por el resto de su vida la humillación de su culpa pasada. No sucede así con Dios, quien hace una obra completa dándonos libertad de la condenación y la vida eterna como hijos suyos, pero también solucionando el problema de nuestra culpa y aceptación por parte suya por medio de la justificación.

A. ¿QUÉ ES LA JUSTIFICACIÓN?

JUSTIFICACIÓN es un acto judicial de Dios, por el que declara que el pecador está ya libre de condenación, y le restaura al favor divino al confiar en Cristo y en sus méritos para obtener la salvación.

Los términos justificar y justificación en la Biblia, tienen una connotación jurídica, mostrándonos que tiene que ver con la posición legal del cristiano delante de Dios; es decir, con su situación ante la ley moral de Dios. Dicha ley surge de la misma naturaleza santa de Dios, y nos obliga porque somos creados por El, y por lo tanto somos sus criaturas, que debemos vivir en armonía con El.

B. NECESIDAD DE LA JUSTIFICACIÓN

Tu posición (sin Cristo) delante de Dios era la de un reo condenado a muerte por haber violado la ley de Dios. Por medio de la justificación, Dios te da UNA NUEVA POSICIÓN: la de absuelto, libre de condenación, porque Cristo, siendo justo y sin mancha, pagó por ti muriendo en tu lugar en la cruz del Calvario. Sin esto sería imposible que pudieras tener paz en tu corazón y comunión con Dios.

Descubre por ti mismo cuál es la condición del hombre sin Cristo, según la Palabra de Dios:

1. Isaías 59:2

_____

2. Juan 3:36

_____

3. Romanos 3:23

_____

4. Romanos 5:12

_____

5. Romanos 6:23

_____

La Palabra de Dios es enfática al afirmar que la condición del hombre sin Cristo es sin esperanza, sin capacidad para vivir una vida justa conforme a las normas santas de Dios, y por lo tanto está caminando a una condenación eterna. Sólo acogiéndose a la obra de Cristo cambia esta condición del hombre delante de Dios.

C. BASES PARA TU JUSTIFICACIÓN

1. Se basa en la obra de Cristo (Romanos 3:20-24; 4:25; 5:9)

Es el tema principal en la carta a los Romanos. Dios, conocía nuestra impotencia para pagar la deuda por nuestro pecado, y para superar las limitaciones de nuestra naturaleza pecaminosa, envió a Cristo para que él pagase esa deuda en nuestro lugar. Basándose en esta obra de Cristo eres declarado y reconocido como justo, puesto que él ya pagó por ti con el sacrificio de su vida inmaculada.

2. Se hace bajo la condición de la fe (Romanos 4:3,9; 5:1-2; Efesios 2:8)

Se hace énfasis en este principio en todo el Nuevo Testamento y armoniza con las enseñanzas del Antiguo. La justificación nunca se logra mediante obras meritorias ni por el cumplimiento de leyes. La fe es el principio universal de la vida cristiana y de nuestras relaciones con Dios. La fe es la unión viva con Cristo, y en esa unión Dios pone a nuestra cuenta la justicia de Cristo.

La justificación es completamente gratuita. No depende de ningún mérito nuestro, porque todo lo que hacemos no tiene valor para pagar nuestra deuda con Dios. La obra de Cristo sí es más que suficiente para ello.

Por eso los creyentes pueden vivir en "plena certidumbre de fe" (Hebreos 10:22), y "manteniendo sin fluctuar la profesión de nuestra esperanza" (Hebreos 10:23), sabiendo que son "irrevocables los dones y el llamamiento de Dios" (Romanos 11:29).

18 *Discipulado básico*

Lee los siguientes versículos y anota la forma en que Dios te justifica:
a. Romanos 3:23-26

_____

b. Gálatas 2:21

_____

c. Gálatas 3:24-25

_____

d. Tito 3:5

_____

D. RESULTADOS DE LA JUSTIFICACIÓN

La justificación te ha dado UNA NUEVA POSICIÓN que nunca se alterará, en tanto mantengas tu fe en Cristo. El acto justificador de Dios no necesita repetirse, y las bendiciones son permanentes.

Descubre por ti mismo los resultados de la justificación que Cristo logró para ti en la cruz del Calvario:

1. Hechos 13:38-39

_____

2. Romanos 5:1,10-11

_____

3. Efesios 1:7

_____

4. Romanos 6:23

_____

5. 2 Corintios 5:17-19

_____

6. Hebreos 10:17-18

_____

Isaías 61:10 nos da un hermoso cuadro de la obra salvadora de Dios y de la justificación como gracia divina. Nota que es Dios quien nos rodea "con manto de justicia", que no es otra cosa sino la justicia de Cristo cubriendo nuestros harapos de miseria y de pecado. Ahora Dios ve ese manto de la justicia perfecta e inmaculada de su Hijo en lugar de nuestro pecado.

Además, el "manto de justicia" que te cubre te permite vivir con la actitud positiva de justicia, amando la justicia y rechazando el pecado. La justicia de Cristo llega a ser una fuerza dinámica en tu vida.

ANSELMO, un hombre que vivió muy cerca de Dios, escribe un diálogo muy inspirador, y absolutamente bíblico, en un folleto para consuelo de los moribundos:

— ¿Crees que el Señor Jesús murió por ti?

— Sí, lo creo.

— ¿Le agradeces por su pasión y muerte?

— Sí, le doy gracias.

— ¿Crees que no puedes ser salvo excepto por su muerte?

— Sí, lo creo.

— Entonces, ven mientras haya vida en ti. En su muerte solamente pon toda tu confianza. Ninguna confianza en ninguna otra cosa. Confía absolutamente en su muerte, y con ello cúbrete completamente.

"Y si el Señor, tu Dios, viniera a juzgarte, di: 'Señor, entre tu juicio y yo, presento la muerte del Señor Jesucristo. No puedo contender contigo de otra manera'.

"Y si Él te dice que eres un pecador, dile: 'Señor, pongo la muerte de nuestro Señor Jesucristo entre mis pecados y Tú; y sus méritos pongo por lo que debiera tener y no tengo'.

"Y si Él te dice que está airado contigo, dile: 'Señor, pongo la muerte de Jesucristo entre tu ira y yo'.

"Y cuando hayas completado de decir esto, di de nuevo: 'Señor, pongo la muerte de mi Jesucristo entre tú y yo'."

Memoriza los siguientes versículos

"Por cuanto todos pecaron, y están destituidos de la gloria de Dios, siendo justificados gratuitamente por su gracia, mediante la redención que es en Cristo Jesús."

Romanos 3:23-24

"Justificados, pues, por la fe, tenemos paz para con Dios por medio de nuestro Señor Jesucristo."

Romanos 5:1

Notas y comentarios

_____

_____

_____

_____

_____

Lección 3

UN NUEVO DIOS: EL VERDADERO DIOS

No te sorprendas por el título de esta lección. Lo que ocurre es que estamos usando el término "DIOS" en su acepción amplia, para referirnos a cualquier cosa o persona que ha llegado a ser lo más importante en nuestra vida, y que hemos llegado a "adorar", hasta sin darnos cuenta de ello.

Cuando amamos algo o alguien más que a nadie, cuando ponemos toda nuestra confianza y nos ocupamos en ello o en esa persona, de manera que llega a ser lo primero en nuestra vida, entonces ese "algo" o "alguien" ha llegado a ser nuestro "dios", el objeto de nuestra adoración.

Jesús dijo:

> "Amarás al Señor tu Dios con todo tu corazón, y con toda tu alma, y con toda tu mente. Este es el primero y grande mandamiento."
>
> Mateo 22:37-38

Por lo tanto, no amar a Dios de esa manera, es cometer el pecado más grande que podemos cometer.

Lee las declaraciones enfáticas que hace Jesús en Mateo 4:10 y 10:37.

Hemos sido creados para adorar. Por eso, si no adoramos al Dios verdadero, estaremos adorando a un dios falso o a otra persona o alguna cosa. Y cuando ello ocurre, nuestra vida es vacía, superficial, sin propósito trascendente ni gozo permanente, hasta que El llega a ser "nuestro" Dios, el objeto de nuestra adoración verdadera y sincera (Juan 4:23-24).

Él es el único Dios, el revelado en la Biblia y por medio de Jesucristo, su Hijo. Por lo tanto Él es el único que puede ser adorado en realidad y con justicia.

Las Sagradas Escrituras son la única revelación escrita verdadera del único Dios verdadero, y el Señor Jesucristo es la única revelación encarnada y personal de Dios.

A. ¿CÓMO ES DIOS?

Descubre por ti mismo algunas cosas que DIOS REVELA ACERCA DE SÍ MISMO en su Palabra: la Biblia. Lee los pasajes que se indican a continuación, y anota los atributos o cualidades de Dios que destacan en cada uno de ellos; y mientras lo haces, medita en ellos y goza conociendo a tu Dios, quien se ha manifestado a ti como tu Padre que te ama:

1. Números 23:19

_____

2. Job 42:1-2

_____

3. Salmo 116:5

_____

4. Salmo 139:7

_____

5. Salmo 147:5

_____

6. Isaías 6:3

_____

7. Malaquías 3:6

_____

8. 1 Juan 1:5

_____

9. 1 Juan 4:8

_____

Lo maravilloso es que todas estas verdades acerca de Dios, son también verdad en la persona del Señor Jesucristo, ya que Él es Dios, la segunda persona de la Trinidad. Dios no es un Dios lejano e inalcanzable, sino que se ha acercado a nosotros por medio de Jesucristo haciéndose cómo uno de nosotros (Juan 1:1,14; 10:30; 14:9).

Este es el mensaje del Evangelio, que significa literalmente "buenas nuevas", y la mejor nueva es ¡que Dios se ha acercado a nosotros por medio de Jesucristo!

Dios, siendo tan grande, perfecto y santo como lo describe la Sagrada Escritura, ¡ahora es tu Padre y tú eres su hijo, y tu relación con Él es personal y directa, porque aceptaste a su Hijo como tu Señor y Salvador!

B. DIOS, EL CREADOR

Veamos algo más sobre nuestro Dios. La Biblia declara enfáticamente que DIOS ES EL CREADOR DE TODAS LAS COSAS.

¿Qué cosas creó Dios, según los pasajes siguientes? Génesis 1:1; Génesis 1:27; Salmo 121:1-2

_____

_____

_____

Ampliando la pregunta, ¿qué hizo Dios en cada uno de los siete días de la creación? Anota las respuestas con los versículos respectivos:

1er. día

_____

2do. día

_____

3er. día

_____

4to. día

_____

5to. día

_____

6to. día

_____

7mo. día

_____

A pesar de todos los intentos del hombre secularizado por demostrar que la vida ha surgido por casualidad en el universo, y que somos producto de una evolución ciega a partir de la materia (la cual aparentemente tendría que ser eterna, ya que su origen nunca se ha explicado), hasta ahora esos intentos han fracasado rotundamente.

Muchos eminentes científicos evolucionistas están reconociendo hoy día que, después de 150 años de arduas investigaciones, ¡no se ha encontrado en la naturaleza ninguna evidencia razonable de la teoría evolucionista!, y muchos de ellos están llegando a alguna forma de creacionismo teísta.

La revelación bíblica de la creación, escrita hace más de 3,500 años, sigue vigente, y nos muestra a un Dios Creador personal, quien nos creó con amor ¡a su imagen y semejanza! Y el mismo Espíritu Santo da testimonio de esto a nuestro espíritu.

"Porque las cosas invisibles de Él, su eterno poder y deidad, se hacen claramente visibles desde la creación del mundo, siendo entendidas por medio de las cosas hechas, de modo que no tienen excusa", dice el apóstol Pablo en Romanos 1:20.

Nuestro Dios es un Dios grande, omnisciente y omnipotente; y ¡es tu Creador!

C. EL AMOR DE DIOS

Vimos antes que, a pesar de su grandeza y perfección, Dios es un Dios cercano a cada uno de nosotros, y desde que recibiste al Señor Jesucristo cómo tu Señor y Salvador, puedes disfrutar de una relación personal y directa con Dios.

Lee Salmo 145:8 y Efesios 2:13, donde la Palabra de Dios nos asegura de su cercanía a cada uno de nosotros.

Descubre en la misma Palabra de Dios varias maneras en que Dios MUESTRA SU AMOR Y SU INTERÉS POR TI:

1. Salmo 23

_____

2. Mateo 6:25-33

_____

3. Mateo 10:29-31

_____

4. Mateo 28:20

_____

5. Juan 14:18

_____

6. 2 Tesalonicenses 3:3

_____

7. Hebreos 12:5-11

_____

8. 1 Pedro 5:7

_____

Ahora que has visto algo acerca de lo que Dios es en sí mismo, luego algo sobre Él como Creador, y por último, de su cuidado por nosotros, te invito a meditar un poco, y responder a la siguiente pregunta:

¿Cuál era tu "dios", o cuáles eran tus "dioses" antes de entregarte a tu NUEVO DIOS, que ahora sí es tu ÚNICO Y VERDADERO DIOS? Recuerda que podían ser cosas (dinero, trabajo, poder, fama, etc.); personas (familiares, amigos, personajes); o hábitos pecaminosos (alcoholismo, drogas, sexo, mentiras, odio, etc.); o un falso concepto de Dios, o ídolos (religiosidad sin una relación personal con Dios y con Jesucristo; doctrinas falsas, etc.).

Respuesta

_____

_____

_____

¿Has renunciado a esos "dioses"? ¿Ya eres libre de ellos? Si no es así, busca la orientación de tu consejero o consejera; de tu maestro o de los pastores de la iglesia.

Memoriza los siguientes versículos

"Grande es Jehová, y digno de suprema alabanza; Y su grandeza es inescrutable."

Salmo 145:3

"Clemente y misericordioso es Jehová, lento en la ira, y grande en misericordia."

Salmo 145:8

Notas y comentarios

_____

_____

_____

Lección 4

UN NUEVO OCUPANTE: EL ESPÍRITU SANTO

Si dependiéramos sólo de nuestras fuerzas, sería imposible poseer una vida cristiana victoriosa. Pero gracias a Dios, porque ha provisto el poder para lograrlo, y para que podamos crecer constantemente en nuestra vida espiritual. No nos ha dejado solos después de perdonar nuestros pecados y darnos vida nueva, sino que ha venido a nosotros en la persona del Espíritu Santo.

A. ¿QUIEN ES EL ESPÍRITU SANTO?

La Biblia nos enseña que el Espíritu Santo es cómo el viento, que no podemos ver, pero que sí percibimos por sus efectos (Jn 3:7-8). Pero Él no es una especie de fuerza eléctrica o energía impersonal, sino que es una persona, la tercera persona de la Trinidad, es decir: Dios. El Señor Jesús siempre se refirió al Espíritu Santo cómo "Él", y nunca cómo "eso", pues es una persona y no un objeto (Jn 14:26; 15:26; 16:13).

El Espíritu Santo tiene intelecto, emociones y voluntad, y actúa cómo una persona cabal, y por lo tanto podemos conocerlo y tener comunión con él. Lee los siguientes textos, y anota qué sentimientos o acciones se le atribuyen:

1. Juan 15:26

2. Hechos 8:29

_____

3. Hechos 16:6-7

_____

4. Efesios 4:30

_____

5. Apocalipsis 2:7

_____

Además de ser una persona, la Biblia nos muestra que el Espíritu Santo es Dios, la tercera persona de la Trinidad. Analiza los siguientes textos, y anota qué atributos divinos se le atribuyen:

6. Salmo 139:7

_____

7. Hechos 5:3-4

_____

8. 1 Corintios 2:10-11

_____

9. Hebreos 9:14

_____

Una de las doctrinas distintivas del Cristianismo es la de un Dios Trino: un solo Dios en tres personas: Padre, Hijo y Espíritu Santo. Un misterio que aceptamos por fe, aunque no lo podemos entender intelectualmente. Lo estudiaremos con más detalle en el Programa de Instrucción Doctrinal. Por ahora, ¡gocémonos en el hecho de que EL ESPÍRITU SANTO ES DIOS! y disfrutemos de su ministerio en nuestra vida, trayéndonos todo lo que Cristo ha logrado para nosotros en la cruz.

B. EL ESPÍRITU SANTO EN EL CREYENTE

Al creer en Cristo y recibirlo como nuestro Salvador y Señor, hemos nacido de nuevo, Dios nos ha dado UNA VIDA NUEVA. La Biblia llama también a ese nuevo nacimiento: "NACER DEL ESPÍRITU" (Juan 3:5), revelando el papel importante que el Espíritu Santo cumple en esa experiencia.

Cuando creíste en el Señor Jesucristo, y lo recibiste cómo tu Señor y Salvador, Dios comenzó a vivir en tu vida, y lo hizo en la persona del Espíritu Santo, dando vida a tu espíritu que estaba muerto. El Espíritu Santo es Dios trabajando en ti. Esta es una verdad revelada por la Biblia, que todo aquel que ha nacido de nuevo, tiene el Espíritu Santo morando en él. El nuevo nacimiento no es otra cosa sino el recibir en nuestro espíritu la vida del Espíritu Santo, ¡el mismo Espíritu de Dios!

1. Romanos 8:9. ¿Puedes ser cristiano sin tener el Espíritu Santo?

_____

2. 1 Corintios 6:19-20. Al creer en Cristo, ¿qué ha venido a ser tu cuerpo?

_____

3. 2 Corintios 1:22. ¿Qué has recibido en tu corazón de parte de Dios?

_____

C. EL MINISTERIO DEL ESPÍRITU SANTO

El ministerio del Espíritu Santo en nuestra vida es multiforme. En realidad, todo lo que Dios hace en nosotros tiene cómo fundamento lo que Cristo ganó para nosotros en la cruz, pero lo hace por medio del Espíritu Santo.

Pide en oración que el Espíritu Santo te revele su Palabra, lee cuidadosamente los siguientes versículos, descubriendo lo que él hace en tu vida, y tómalo muy en cuenta cada día, dándole gracias por todo:

1. Juan 14:26: Por ejemplo, en este versículo Jesús dice que el Espíritu Santo nos enseñará las cosas espirituales y nos recordará lo que leemos en las Sagradas Escrituras.
2. Juan 15:26

_____

3. Juan 16:13

_____

4. Hechos 13:2

_____

5. Romanos 8:11

_____

6. Romanos 8:16

_____

7. Romanos 8:26

_____

8. Romanos 15:13

_____

9. Romanos 15:19

_____

D. EL FRUTO DEL ESPÍRITU

Uno de los ministerios más importantes del Espíritu Santo es reproducir el carácter de Cristo en nosotros. La santidad es el atributo esencial de Dios, y Cristo dio su vida no sólo para salvarnos de la condenación eterna, sino para restaurarnos a la imagen y semejanza de Dios en su santidad.

Esto es llamado el FRUTO DEL ESPÍRITU, porque es el resultado de la influencia del Espíritu Santo en nuestra alma (intelecto, sentimientos y voluntad), a través de nuestro espíritu. El espíritu renació en la conversión, pero el alma debe ser renovada en un proceso llamado SANTIFICACIÓN, y cuyo resultado es el FRUTO DEL ESPÍRITU

Lee Gálatas 5:22-23. Busca por ti mismo, con la ayuda de un diccionario común o de preferencia de un diccionario bíblico, si puedes disponer de uno, lo que significa cada uno de los aspectos del FRUTO DEL ESPÍRITU que se mencionan, y medita en cuáles te falta avanzar. Pídele en oración a Dios que te ayude a producir esos frutos, porque es una de las cosas más importantes en nuestra vida cristiana.

1. Amor

_____

2. Gozo

_____

_____

3. Paz

_____

_____

4. Paciencia

_____

_____

5. Benignidad

_____

_____

6. Bondad

_____

_____

7. Fe

_____

_____

8. Mansedumbre

_____

_____

9. Templanza

_____

_____

E. CÓMO PODEMOS AFECTAR AL ESPÍRITU SANTO

Hemos visto anteriormente que el Espíritu Santo es una persona, y cómo tal podemos afectarla con nuestras actitudes o nuestro pecado. Al hacerlo así, perderemos mucho de su ministerio en nuestra vida. Anota las maneras en que podemos afectar al Espíritu Santo, de acuerdo con los siguientes versículos:

1. Isaías 63:10

_____

2. Mateo 12:31

_____

3. Hechos 5:3-4

_____

4. Hechos 7:51

_____

5. Efesios 4:30

_____

6. 1 Tesalonicenses 5:19

_____

Si has hecho algo que ha afectado al Espíritu Santo, debes confesar ese pecado, pedirle perdón y rectificar tu actitud o conducta. Al hacerlo con sinceridad y de corazón, puedes estar seguro de que Dios te perdona, y tu comunión con el Espíritu Santo se restaura. Esta es una promesa de la misma Palabra de Dios:

"Este es el mensaje que hemos oído de él, y os anunciamos: Dios es luz, y no hay ningunas tinieblas en él. Si decimos que tenemos comunión con él, y andamos en tinieblas, mentimos, y no practicamos la verdad ... Si confesamos nuestros pecados, él es fiel y justo para perdonar nuestros pecados, y limpiarnos de toda maldad" (1 Juan 1:5-9).

Memoriza los siguientes versículos

"Mas el Consolador, el Espíritu Santo, a quien el Padre enviará en mi nombre, él os enseñará todas las cosas, y os recordará todo lo que yo os he dicho."

Juan 14:26

"¿O pensáis que la Escritura dice en vano: El Espíritu que él ha hecho morar en nosostros nos anhela celosamente?"

Santiago 4:5

Notas y comentarios

_____

_____

_____

_____

_____

Lección 5

UN NUEVO PRIVILEGIO: LA ORACIÓN

La oración es posible porque el Señor Jesucristo quitó toda barrera entre Dios y nosotros al pagar por nuestros pecados en la cruz. Al recibirle cómo nuestro Salvador y Señor, Dios nos dio vida nueva, y nos reconcilió con El y nos adoptó cómo hijos suyos. Y uno de los primeros privilegios cómo sus hijos es llegar a su presencia mediante la oración.

Si has nacido de nuevo por la fe en Cristo, entonces ya eres un hijo de Dios, y por lo tanto es tuyo uno de los privilegios más grandes que un hombre puede tener: ¡ORAR!, es decir, hablar, conversar con tu Padre celestial, ¡conversar en forma personal con el Dios Creador de todo el Universo!

La oración es el medio que Dios te ha dado para comunicarte con El. Hablar con Dios debe ser para ti tan sencillo cómo conversar con un amigo; y mientras más ores, tu relación con Él será más íntima y real.

Ten en cuenta esto cuando ores: Él está contigo personalmente. No sólo te escucha desde el cielo, sino que está presente. En la medida en que llegues a comprender esto, tu oración será más viva y eficaz. Leemos en Hebreos 11:6: "Pero sin fe es imposible agradar a Dios; porque es necesario que el que se acerca a Dios crea que le hay, y que es galardonador de los que le buscan".

La Palabra de Dios es para nuestra vida espiritual cómo el alimento para nuestro cuerpo físico. De igual manera la oración es para nuestro espíritu cómo el aire que respiramos es para nuestro cuerpo. Ambos son indispensables para una vida espiritual sana.

Este es un principio fundamental de la vida cristiana. Por eso es importante que hagas de la oración una disciplina, porque Satanás hará todo lo posible para impedir tu avance espiritual, y con seguridad atacará tu vida de oración.

El Señor Jesucristo nos dio el mejor ejemplo, porque aunque era el Hijo de Dios, pasó mucho tiempo orando, y muchas veces durante toda la noche. Los apóstoles también pasaron mucho tiempo en oración. Ése fue el secreto del poder y la autoridad con que predicaron el evangelio y conmovieron así al Imperio Romano desde sus cimientos.

A. MANDATOS Y PROMESAS SOBRE LA ORACIÓN

Lee los pasajes siguientes, y anota los mandatos y las promesas correspondientes que encuentres en cada uno de ellos:

Mandatos	Promesas
1. Jeremías 33:3	
2. Mateo 11:28	
3. Lucas 11:9-10	
4. Juan 16:24	

Hermosas promesas, ¿verdad? Y vienen de Dios mismo por medio de su Palabra escrita, así que puedes acercarte a El con confianza en oración, sabiendo que El te ama, que es fiel a su Palabra, y que es poderoso para cumplir sus promesas, por imposible que parezcan algunas de ellas.

B. ¿CÓMO DEBEMOS ORAR?

1. Mateo 21:22

2. Marcos 11:25

_____

3. Juan 14:13-14

_____

4. Efesios 6:18; 1 Tesalonicenses 5:17

_____

5. Santiago 1:6-7

_____

6. 1 Juan 5:14

_____

C. ¿QUÉ DEBE INCLUIR NUESTRA ORACIÓN?

Siendo la oración un diálogo con Dios, no debe ser una lista de peticiones, sino ocasión para expresarle nuestra gratitud y amor, y demostrar nuestro amor para los demás. Por lo tanto, la oración (y sin que esto signifique una fórmula rígida y legalista) debe incluir normalmente lo siguiente:

1. Alabanza y adoración a Dios por lo que Él es y por sus obras maravillosas (Salmo 95:2,6; 145:1-3). Es la expresión de nuestro amor, admiración y devoción a Dios.
2. Gratitud por las bendiciones recibidas (1 Tesalonicenses 5:18).
3. Confesión de pecados y petición de perdón (1 Juan 1:9), creyendo y aceptando el perdón de Dios.
4. Petición por cosas legítimas que en realidad necesitamos y no para satisfacer vanidades, ni cosas que sean dañinas para nuestra salud física y espiritual (Mateo 7:7-11).
5. Intercesión, que es orar por las necesidades de otras personas, por la Iglesia, etc. Fíjate por quiénes y por qué cosas debemos interceder según la Palabra de Dios:
   a. Mateo 9:37-38

b. Efesios 6:18-20

_____

c. 2 Tesalonicenses 3:1-2

_____

d. 1 Timoteo 2:1-4

_____

D. ¿QUÉ IMPIDE QUE UNA ORACIÓN SEA CONTESTADA?

El Señor Jesucristo nos abrió el camino a la presencia santa de Dios, y por eso podemos orar con plena confianza. Pero hay ciertas condiciones que debemos cumplir para que nuestras oraciones sean contestadas positivamente, porque Dios tiene un propósito didáctico en todos sus tratos con nosotros. Descubre tú mismo algunas de esas condiciones:

1. Salmo 66:18

_____

2. Mateo 6:5

_____

3. Mateo 6:14-15

_____

4. Santiago 1:6-7

_____

5. Santiago 4:3

_____

6. 1 Pedro 3:7

_____

E. LA ORACIÓN Y EL TIEMPO DEVOCIONAL

El tiempo devocional es aquel que dedicamos a Dios, dejando toda otra preocupación u ocupación, para tener comunión personal con él, al hablarle, escucharlo y rendirle culto.

Esto es fundamental para conocerle más, y para nuestro propio crecimiento espiritual. Le conocemos mejor por la relación personal y espiritual que entablamos con Él, que por toda la información que podamos recibir. Crecemos espiritualmente al estudiar su Palabra y escuchar la voz del Espíritu hablando a nuestro espíritu. La comunión con Dios también santifica nuestro carácter.

Sugerencias prácticas para el tiempo devocional:

1. Dedícale un tiempo definido

Lo importante es que te encuentres con Dios regularmente. No debe ser de cuando en cuando, ni dedicarle el tiempo que te sobra. Debemos aclarar que no estás bajo la ley, y que si no tienes tu tiempo devocional un día, o no lo tienes todos los días a la misma hora, no significa que estás en pecado y que estás bajo el juicio de Dios. Pero si pasan varios días sin tenerlo, o si no es un elemento importante en tu vida, algo anda mal en tu relación con Dios, y tu salud espiritual está en serio peligro.

Por lo tanto, selecciona una hora conveniente, de preferencia temprano en las mañanas, y trata de respetar ese tiempo a toda costa. Luego fija el tiempo mínimo que vas a dedicarle al Señor. Quizá unos 30 minutos al comienzo, y luego ir aumentando paulatinamente de acuerdo con el tiempo que dispongas y a la dirección del Espíritu de Dios. En la medida en que el Señor comience a usarte para su servicio, demandará de ti más tiempo de oración.

2. Busca un lugar apropiado

En Marcos 1:35, Jesús escogió un lugar donde podía estar sin ser molestado. Esto es muy conveniente en el tiempo devocional, porque nada debe distraernos de la comunión con Dios, ni impedir que alabemos y cantemos a Dios en voz alta y con toda libertad.

3. Estudia la Palabra de Dios.

No es estudiar para reunir información o preparar una lección que puedas dar a otros; sino recibir inspiración para tu propia vida. Para esto:

- Ora pidiendo dirección divina para tu estudio.
- Selecciona un pasaje bíblico. Hay guías muy útiles para el estudio devocional en las librerías evangélicas.
- Lee el pasaje por lo menos dos veces, si es posible una de ellas en voz alta.
- Hazte preguntas como las siguientes:

  ¿Cuál es el tema principal de este pasaje?

  ¿Cuál es la enseñanza más importante para mí?

  ¿Qué me enseña acerca del Padre, del Hijo o del Espíritu Santo?

  ¿Hay algún ejemplo que debo imitar?

  ¿Hay algún error o pecado que debo evitar?

  ¿Hay algún deber que debo cumplir?

  ¿Hay alguna promesa que debo reclamar?

- Puedes tener un cuaderno donde anotes la fecha y la hora y las enseñanzas que Dios te dé por medio de su Palabra, así como las percepciones que el Espíritu Santo produzca en tu espíritu mientras oras.

4. Ora

Por último, ten en cuenta Santiago 1:22-25, y cada día te gozarás más con las preciosas bendiciones de Dios. La fe y la obediencia van siempre de la mano, y si no hay obediencia a lo que Dios te va revelando, tampoco crecerá tu fe ni tus oraciones serán contestadas por Dios.

Memoriza los siguientes versículos

"Clama a mí, y yo te responderé, y te enseñaré cosas grandes y ocultas que tú no conoces."

Jeremías 33:3

"Por tanto, os digo que todo lo que pidiereis orando, creed que lo recibiréis y os vendrá."

Marcos 11:24

Notas y comentarios

_____

_____

_____

_____

_____

Lección 6

UN NUEVO ALIMENTO: LA PALABRA DE DIOS

Cristo dijo: "No sólo de pan vivirá el hombre, sino de toda palabra que sale de la boca de Dios", indicándonos la vital importancia que tiene para nuestra vida espiritual el alimentarnos constantemente de la Palabra de Dios, de la misma manera que la oración es importante.

Hombres que se han destacado en el mundo de la cultura humana, así como hombres que Dios ha usado mucho en la extensión del Evangelio en tiempos modernos, han reconocido la vital importancia de las Escrituras.

"El éxito de nuestra vida espiritual depende del lugar dado a la Biblia en nuestra vida y pensamiento" (Jorge Müller).

"Las Sagradas Escrituras no nos fueron dadas para aumentar nuestra sabiduría, sino para cambiar nuestra vida" (Dwight L. Moody).

Esta última declaración, hecha por un hombre de Dios que influyó mucho en su generación por su vida y su mensaje, es lo que queremos recalcar aquí.

La Biblia es una obra extraordinaria que ha sobrevivido de manera sobrenatural al correr del tiempo. Después de tantos siglos sigue siendo un libro importante y actual. A pesar de todos los esfuerzos que se han hecho por destruirla, la Biblia sigue siendo el libro más leído en todo el mundo.

Pero por sobre todas las cosas, la Biblia es la revelación de Dios al hombre, para que por medio del conocimiento personal de Dios y de Jesucristo, su vida pueda ser transformada y cambiado su destino eterno.

Así como nuestro cuerpo físico necesita alimento, también nuestro espíritu necesita alimento, pero alimento espiritual. Y este alimento es la Palabra de Dios, tal como la encontramos en las Sagradas Escrituras.

Es nuestro deseo y oración que esta lección haga crecer en ti el amor por la Palabra de Dios, que ya el Espíritu Santo habrá hecho nacer.

A. LA INSPIRACIÓN DIVINA DE LAS ESCRITURAS

Un tema muy importante para la fe cristiana es el de la inspiración divina de las Sagradas Escrituras. Es de vital importancia que estemos seguros de que la Biblia, fundamento de nuestra fe, es en realidad Palabra de Dios y no invención humana. Veamos algunas de las evidencias del origen divino de la Biblia:

1. Testimonio de la misma Biblia

Anota lo que afirma la Biblia en los siguientes textos en cuanto a su inspiración divina:

a. 2 Timoteo 3:16

_____

b. 2 Pedro 1:20-21

_____

¿Quién les dijo a los autores lo que debían escribir, conforme a los textos siguientes?

c. Isaías 30:8; Jeremías 30:1-2

_____

2. Su singularidad

a. Su unidad.

Más de cuarenta autores, de nacionalidades, culturas, oficios y condición social diferentes, escribieron en tierras lejanas entre sí y durante un período de 1,800 años. Muchos nunca se conocieron ni leyeron los escritos de los demás, y sin embargo hay una admirable unidad entre todos ellos, imposible sin la intervención de Dios.

b. Su perfección.

Es científica e históricamente correcta. Todas las críticas que se le han hecho en el pasado han ido cayendo a tierra por los descubrimientos arqueológicos y científicos de los años recientes.

c. Su circulación.

La Biblia es el libro más leído en toda la historia de la humanidad, así como el traducido a más idiomas y dialectos de todas las obras de la literatura humana. En total, se ha traducido la Biblia completa o porciones de ella a más de 2,800 idiomas.

d. Su supervivencia.

Hay más manuscritos de la Biblia o porciones de ella, que de las diez obras de literatura clásica más leídas juntas. Ha sobrevivido a la más enconada persecución, desde los tiempos del Imperio Romano, pasando por la Inquisición católica, hasta los regímenes ateos actuales. Voltaire, el filósofo ateo francés, afirmó que en menos de 100 años habría desaparecido la Biblia. Menos de 50 años después de su muerte en 1,778, su casa e imprenta estaban sirviendo a la Sociedad Bíblica de Génova para imprimir miles de Biblias. Hoy, Voltaire pasó al olvido, mientras la Biblia sigue siendo el libro más leído del mundo.

3. Las profecías cumplidas

Todos los videntes, astrólogos, adivinos, etc., entre muchas predicciones erradas aciertan algunas. Pero la Biblia es el único volumen producido por el hombre en que gran cantidad de profecías referentes a personas específicas, ciudades, naciones, Israel, y especialmente al Mesías, se han cumplido con una exactitud asombrosa.

Esto nos da seguridad de que las profecías que tienen que ver con el futuro también se cumplirán indefectiblemente.

Cálculos hechos con computadoras y criterios científicos, confirman lo que el sentido común nos dice: es IMPOSIBLE que tantas profecías puedan cumplirse tan exactamente, si no hubieran sido inspiradas por Dios mismo, quien es el Señor de la historia, del pasado, del presente y del futuro.

4. El testimonio de la experiencia cristiana

Cada persona que ha leído y creído el mensaje de la Biblia ha visto su vida transformada completamente, porque suple a las necesidades más profundas del alma humana, y a sus anhelos de propósito, trascendencia y eternidad; así como de paz interior, esperanza y gozo. Por medio de ella es que millones de personas han podido, no sólo conocer acerca de Dios, sino experimentar una relación personal de fe y amor con Él, y Dios ha comenzado a obrar de manera concreta en sus vidas.

Escribe tu testimonio de lo que ha significado para ti lo que has conocido de la Palabra de Dios hasta este momento

_____

_____

_____

B. EL PODER DE LA PALABRA DE DIOS

Siendo la Biblia inspirada por Dios, es como si Dios mismo nos hablara por medio de ella, la cual está respaldada por su omnisciencia y omnipotencia (su conocimiento y su poder infinitos), pero también por su amor. La Palabra de Dios es siempre viva y vigente. En Isaías 55:11 leemos: "Así será mi Palabra que sale de mi boca; no volverá a mí vacía, sino que hará lo que yo quiero, y será prosperada en aquello a que la envié."

¿Qué hace la Palabra de Dios, según los textos siguientes? Medita sobre ellos aplicándolos a tu propia vida, y orando para que el Espíritu te siga revelando sus maravillas.

1. Salmo 33:6,9

_____

2. Salmo 107:20

_____

3. Salmo 119:9

_____

4. Salmo 119:105

_____

5. Juan 6:63

_____

6. Juan 8:51

_____

7. Romanos 1:16

_____

8. Romanos 10:17

_____

9. 2 Timoteo 3:16-17

_____

10. Hebreos 1:3

_____

11. Hebreos 4:12

_____

12. Santiago 1:21

_____

_____

C. CÓMO PROFUNDIZAR EN LA PALABRA DE DIOS

1. Escuchándola (Lucas 8:15; Romanos 10:17)
2. Leyéndola (Deuteronomio 17:19)
3. Estudiándola (2 Tito 3:14-17)
4. Memorizándola (Deuteronomio 6:6-9)
5. Meditando en ella (Salmos 1:2-3; Josué 1:8)
6. Creyendo en ella (Hechos 4:1-3)

Recuerda que después de 24 horas, tú podrás recordar:

    5% de lo que has escuchado

    15% de lo que has leído

    35% de lo que has estudiado

    100% de lo que has memorizado

Pero al meditar con fe en la Palabra, el Espíritu Santo podrá aplicarla con más eficacia a tu vida, y producirá resultados profundos y duraderos en ti.

Ten muy en cuenta lo que Dios te exhorta en Santiago 1:21-25. La obediencia es fundamental para que la Palabra siga siendo "viva y eficaz" en tu vida, porque de esa forma el Espíritu Santo te seguirá dirigiendo por medio de ella, y cada día la amarás más y disfrutarás más de ella.

Y por último, lee Mateo 5:18 y Apocalipsis 22:18-19, y considera la solemnidad de la Palabra de Dios y el respeto con que debemos tratarla, sin tergiversarla, añadirle o quitarle nada, como lamentablemente muchos lo hacen.

Memoriza los siguientes versículos

"Porque no me avergüenzo del evangelio, porque es poder de Dios para salvación a todo aquel que cree; al judío primeramente, y también al griego."

Romanos 1:16

"Así que la fe es por el oír, y el oír, por la Palabra de Dios."

Romanos 10:17

Notas y comentarios

_____

_____

_____

_____

D. UNA VISIÓN PANORÁMICA DE LA BIBLIA

Esta sección es un complemento de la Lección 6, UN NUEVO ALIMENTO: LA PALABRA, y te ayudará a tener una idea general de la Biblia, sus autores y temas generales. Si deseas más información, consigue un Manual Bíblico.

La Biblia se divide en dos grandes tomos: el Antiguo y el Nuevo Testamento. Recordemos que la Biblia no es un solo libro, sino una colección de libros y escritos.

1. EL ANTIGUO TESTAMENTO
(o Antiguo Pacto de Dios con los hombres)

Es el relato de la relación de Dios con el hombre desde la creación hasta unos 400 años antes de Cristo. Podemos dividirlo en cinco secciones:

a. El Pentateuco (del griego *penta* = cinco y *teuchos* = volumen). Son los primeros 5 libros, escritos por Moisés cerca del año 1440 a.C., y que sientan las bases de toda la revelación bíblica posterior. Anótalos abajo en el orden en que los encuentras en la Biblia, y lee sus temas centrales.

1. _____ El Libro de los Orígenes: la creación; la caída; la promesa de redención; nacimiento de Israel como nación escogida por Dios.

2. _____ La liberación de Israel de la esclavitud en Egipto.

3. _____ Leyes para el sacerdocio y el pueblo; leyes de santidad y para la adoración.

4. _____ Desobediencia y peregrinaje de Israel en el desierto por 40 años.

5. _____ Los grandes discursos de Moisés preparando al pueblo para entrar en la tierra prometida, con las promesas y las advertencias de Dios a Israel.

b. Los Libros Históricos. Los siguientes 12 libros, escritos entre los años 1100 a 600 a.C., describen el trato entre Dios y su pueblo escogido. Anótalos en orden:

(1) _____   (7) _____

(2) _____   (8) _____

(3) _____   (9) _____

(4) _____   (10) _____

(5) _____   (11) _____

(6) _____   (12) _____

c. Los Libros Poéticos. Son los siguientes 5 libros, que describen de forma poética la grandeza de Dios y su relación con el ser humano, y las experiencias y crisis espirituales de éste último. Escríbelos por orden:

1. _____ Sufrimiento y fiel confianza de un hombre que amó a Dios.

2. _____ Cánticos de alabanza y adoración a Dios, así como instrucción al hombre.

3. _____ Sabiduría práctica para una vida próspera.

4. _____ Vanidad de la vida terrenal.

5. _____ Cuadro simbólico del amor de Dios por su pueblo.

e. Los Profetas Mayores

Son mensajes de Dios a Israel por medio de los profetas, hombres llamados específicamente para ello. Se les llama Mayores sólo porque son más extensos que los otros y no porque sean menos importantes. Fueron escritos entre los años 750 a 550 a.C.

(1) _____   (4) _____

(2) _____   (5) _____

(3) _____

d. Los Profetas Menores

Son los últimos 12 libros del Antiguo Testamento, escritos entre los años 800 a 400 a.C., con mensajes de exhortación al pueblo de Dios.

(1) _____   (7) _____

(2) _____   (8) _____

(3) _____   (9) _____

(4) _____   (10) _____
(5) _____   (11) _____
(6) _____   (12) _____

2. EL NUEVO TESTAMENTO

Nuevo Pacto de Dios con los hombres, revela a Cristo como el Redentor de la humanidad. Relata su vida, enseñanzas y principios para la vida cristiana. Se divide en:

a. Los Evangelios

Relatan la vida, obra y enseñanzas de Jesús. Anótalos y fíjate en los temas correspondientes:

1. _____ La vida de Cristo, escrita en especial para los judíos, revelando a Jesús como el Mesías esperado por ellos.

2. _____ Jesús como el Siervo de Dios.

3. _____ Jesús como el hombre perfecto, enfatizando su humildad.

4. _____ Jesús como el Hijo de Dios, destacando su divinidad.

b. Los Hechos de los Apóstoles

Es un libro histórico que trata del inicio y la expansión de la Iglesia durante la era apostólica. Muchos prefieren llamarlo "Los Hechos del Espíritu Santo", su verdadero autor, quien sigue obrando hasta el día de hoy en medio y por medio de su Iglesia.

c. Las Epístolas

Los siguientes 21 libros son cartas o epístolas escritas a personas, iglesias o a los creyentes en general, tocando aspectos de la fe y la responsabilidad cristianas. Escríbelos en el orden en que aparecen:

Epístolas de Pablo:

(1)_____   (8) _____
(2)_____   (9) _____
(3)_____   (10) _____
(4)_____   (11) _____
(5)_____   (12) _____

(6)_____ (13) _____
(7) _____

Epístolas Generales:

(1)_____ (5) _____
(2)_____ (6) _____
(3)_____ (7) _____
(4)_____ (8) _____

d. El Apocalipsis

El último libro del Nuevo Testamento es un libro profético, que describe los acontecimientos de los últimos tiempos; la Segunda Venida de Cristo, el establecimiento de su Reino, la gloria futura y el destino final de creyentes e incrédulos.

Ahora ya tienes una visión panorámica de la revelación de Dios. Persevera en su lectura y estudio con oración, y experimentarás lo que dice el Salmo 1:1-3. "Bienaventurado el varón... que en la ley de Jehová está su delicia, y en su ley medita de día y de noche. Será como árbol plantado junto a corrientes de aguas, que da su fruto en su tiempo, y su hoja no cae; y todo lo que hace prosperará."

Notas y comentarios

_____

_____

_____

_____

_____

Lección 7

UNA NUEVA FAMILIA: LA IGLESIA

Al recibir a Cristo como tu Señor y Salvador personal, has nacido de nuevo y has sido incorporado a UNA NUEVA FAMILIA: LA FAMILIA DE DIOS, QUE ES LA IGLESIA DE CRISTO.

A. DEFINICIÓN Y CONCEPTOS

Al hablar de Iglesia, no estamos refiriéndonos a ningún edificio o templo, sino a personas que han nacido de nuevo por la fe en Jesucristo.

La palabra griega en el Nuevo Testamento traducida por "iglesia" es ecclesia, que significa "congregación de llamados", es decir, los que han sido llamados por el Señor. Por otro lado, encontramos dos acepciones de la palabra "iglesia" que pudiéramos llamar las dos dimensiones de la Iglesia:

1. La Iglesia universal o invisible, compuesta por el conjunto de personas regeneradas por la obra del Espíritu Santo basándose en su fe puesta en Jesucristo como Señor y Salvador.

   Incluye a los redimidos de todos los tiempos, razas y naciones, condición social o cultural, así como de las diferentes denominaciones cristianas sin distinción. La condición es haber nacido de nuevo por la fe en Jesucristo, y mostrarlo por los frutos en su vida (Mateo 7:15-20).

2. La iglesia local o visible, conformada por el conjunto de creyentes que se reúnen en un lugar determinado con fines de adoración a Dios, instrucción en la Palabra, comunión unos con otros, testimonio y servicio.

B. LA RELACIÓN DE LA IGLESIA CON CRISTO

La Palabra de Dios usa tres figuras para describir la relación de la Iglesia con Cristo. Anota la figura o simbolismo usado en cada grupo de textos:

1. 1 Corintios 3:9,11,16-17; Mateo 16:18

_____

En esta figura el énfasis es puesto sobre el fundamento de la iglesia, que es Cristo, y la morada de Dios en ella por su Espíritu Santo.

2. 1 Corintios 12:13; Efesios 1:22-23

_____

Aquí el énfasis es puesto en la relación vital de la Iglesia con Cristo. Él es la cabeza de la Iglesia, y ella depende de Él. También muestra que la Iglesia está llamada a continuar la obra redentora de Cristo en la tierra, porque ella es su cuerpo, y Él la cabeza.

3. 2 Corintios 11:2; Efesios 5:24-25,31-32

_____

El énfasis en esta figura es el amor recíproco entre la Iglesia y Cristo, y señala a la unión final en el cumplimiento del plan de redención.

C. LA NATURALEZA DE LA IGLESIA LOCAL

1. Sólo deben ser miembros de la Iglesia local los que son miembros de la Iglesia Universal por haber experimentado el nuevo nacimiento.
2. La relación del creyente con la Iglesia refleja su relación con Cristo; y como cada creyente reconoce en cada otro a un hermano en Cristo, todos los miembros de la Iglesia están en un plano de absoluta igualdad (Mateo 23:8-10). No hay lugar en la Iglesia para ningún tipo de discriminación.

3. El objeto de la Iglesia local es la gloria de Dios en el establecimiento de su Reino, tanto en los corazones de los creyentes como en el mundo (Efesios 1:5-6, 11-12). Este objetivo se promueve mediante:

    a. La adoración unida

    b. La oración unida

    c. El cuidado y exhortación mutuos

    d. La instrucción en la Palabra de Dios

    e. El testimonio al mundo.

4. La ley de la Iglesia es la voluntad del Señor Jesucristo, revelada en su Palabra escrita y por la guía del Espíritu Santo, lo que resulta en una vida de santidad y de amor.

C. LA UNIDAD EN LA IGLESIA

Dios pone mucho énfasis en la unidad que debe haber en la Iglesia de Cristo. Aunque podemos ser de diferentes culturas, sociedades o razas, todos hemos sido incorporados por el Espíritu Santo al cuerpo de Cristo, y hechos miembros del mismo cuerpo.

Por lo tanto, hay una unidad orgánica indestructible, que trasciende las diferencias y errores humanos, y que se debe reflejar en nuestras relaciones de unos con otros.

1. ¿Cuál es el mandamiento del Señor Jesucristo a sus discípulos en Juan 13:34-35?

_____

2. ¿Qué pidió fervientemente el mismo Señor en su oración en Juan 17:20-23?

_____

3. ¿A qué se nos exhorta en Efesios 4:1-6?

_____

El énfasis en 1 Corintios 12:13-27 es la unidad e interdependencia entre los miembros del cuerpo de Cristo: NOS NECESITAMOS UNOS A OTROS, Y DEBEMOS VIVIR EN UNIDAD Y AMOR.

E. LA DIVERSIDAD DENTRO DE LA IGLESIA

La contraparte de la unidad del cuerpo de Cristo, es la diversidad de funciones dentro de él, de la misma manera en que hay diversidad de funciones dentro del cuerpo humano.

1. Romanos 12:4,5 nos enseña que todos los creyentes son

_____

2. ¿Quién determina la función o ubicación de cada creyente dentro de la iglesia según 1 Corintios 12:18?

_____

3. ¿Hay algún miembro inútil según 1 Corintios 12:20-22?

_____

4. ¿Cuál es la responsabilidad de cada cristiano para con los demás según 1 Pedro 4:10?

_____

F. EL GOBIERNO DE LA IGLESIA

La autoridad dentro de la Iglesia es de naturaleza primordialmente espiritual y no legal, aunque siempre sea necesario tener algún tipo de Estatutos o Reglamentos que permitan cumplir al mismo tiempo con las exigencias que establece la ley para las Asociaciones Religiosas, como es la figura legal de la Iglesia. La Biblia nos manda obedecer a la ley en todo lo que no se oponga a la ley de Dios (Hechos 5:29; Romanos 13:1-6).

El Pastor es el guía espiritual de una iglesia local, y tiene la responsabilidad de proveer el alimento espiritual, guiar y adiestrar a los creyentes de su congregación, preparándolos para el ministerio.

1. Según Efesios 4:11, ¿quiénes han sido dados por Dios a la Iglesia para su edificación?

_____

2. Según 1 Pedro 5:2-3, ¿cuál es la responsabilidad de los pastores para con la Iglesia?

_____

3. En Hebreos 13:7,17, ¿cuál debe ser la actitud de la Iglesia para con sus pastores?

G. LAS ORDENANZAS EN LA IGLESIA

Las ORDENANZAS son los ritos externos que Cristo ha ordenado que sean administrados en su Iglesia, como símbolos visibles de la verdad salvadora del Evangelio. Son símbolos, porque expresan vívidamente esta verdad y la confirman en el creyente.

En el Nuevo Testamento encontramos sólo dos ordenanzas, que son las que se practican en todas las Iglesias cristianas evangélicas.

1. EL BAUTISMO

El bautismo cristiano es la inmersión del creyente en agua como señal de su entrada a la comunión con la muerte y resurrección de Cristo; en señal de su regeneración o nuevo nacimiento al unirse por la fe con Cristo.

a. Simbolismo del bautismo.

Más específicamente, el bautismo en agua es:

(1) Símbolo de una vida nueva liberada del castigo y del poder del pecado (Romanos 6:4). Al entrar en las aguas, el creyente confiesa estar enterrando todos sus afectos corrompidos y pecados pasados; y al salir, declara recibir por fe la vida resucitada de Cristo para una nueva vida y esperanza.

(2) Símbolo de la unión del creyente con Cristo (Romanos 6: 3,5; Colosenses 2:12). El bautismo representa la muerte y resurrección de Cristo como la del creyente, expresando así la identificación y unión entre ambos.

(3) Símbolo de la unión espiritual de todos los creyentes en Cristo (Efesios 4:3-6). Allí es el bautismo y no la Santa Cena lo que simboliza la unidad cristiana.

b. Forma de administración del bautismo.

La única forma bíblica para el bautismo en agua es por inmersión.

Las razones son las siguientes:

(1) La palabra griega traducida como "bautizar" es *baptizo*, que significa "sumergir, hundir".

(2) Juan el Bautista bautizó por inmersión en el Jordán (Mr 1:9-10).

(3) El mismo simbolismo exige que el bautismo sea por inmersión: Al entrar en el agua morimos al pecado; al salir resucitamos para Dios.

(4) El testimonio histórico nos muestra que en la Iglesia apostólica el bautismo fue por inmersión.

c. El bautismo es un mandato para todo creyente

Aunque la salvación no es por el bautismo sino por la fe en Cristo, sí es una expresión fundamental de la obediencia que acompaña a una fe genuina, y testimonio que sella el compromiso con Dios. Muchos han sido bautizados siendo niños debido a la tradición religiosa, pero al convertirse preguntan qué deben hacer. Veamos la enseñanza bíblica al respecto:

(1) Hechos 2:38. ¿Qué se nos dice que debemos hacer antes de bautizarnos?

_____

(2) Marcos 16:16. ¿Qué es antes del bautismo?

_____

(3) Hechos 8:36-37. ¿Cómo debía creer el etíope para poder ser bautizado por Felipe?

_____

A la luz de lo visto, ¿es bíblico (y por tanto válido) el bautismo de los niños?

_____

A la luz de la Biblia, ¿consideras que el bautismo es una opción que puedes recibir o rechazar, o es un mandato para ti, que debes obedecer por amor a Dios?

_____

2. LA SANTA CENA

La Cena del Señor, Santa Cena o Eucaristía, es un rito externo instituido por el mismo Señor Jesús, en el que la Iglesia reunida come el pan y bebe el vino, en señal de su constante dependencia del Salvador crucificado y resucitado como la fuente de su vida espiritual.

a. Simbolismo de la Santa Cena.

Entrando en detalles, la Santa Cena es:

(1) Símbolo de la muerte sustituta de Cristo por nuestros pecados (Marcos 14:24; Lucas 22:19; 1 Corintios 11:24,26).

(2) De la unión del creyente con Cristo (1 Corintios 10:16).

(3) Símbolo de la continua dependencia del creyente, de su Salvador resucitado, para su vida espiritual.

(4) Símbolo de la unión de todos los creyentes en Cristo (1 Corintios 10:17).

b. Forma de administración de la Santa Cena.

(1) Según Mateo 26:26-28 y 1 Corintios 11:27-29, ¿qué elementos se deben administrar a los creyentes?

_____

(2) ¿Es bíblico que se administre sólo pan a los creyentes, mientras el que oficia sí toma pan y vino?

_____

c. ¿Cómo debemos participar de la Santa Cena?

Hemos visto el significado y la solemnidad de la Santa Cena; un momento muy precioso de comunión con Dios. En ella le expresamos a Dios nuestra gratitud por la muerte redentora del Señor Jesucristo; nuestra identificación con ella; y nuestro gozo por la comunión con Él. Pero también nos apropiamos por la fe del poder de la vida resucitada de Cristo al "comer de su carne"; es decir, por la fe recibimos una vez más de la vida del Cristo resucitado, con todo lo que Él logró para nosotros en el Calvario.

Es por eso que la Palabra de Dios nos advierte: "De manera que cualquiera que comiere este pan o bebiere esta copa del Señor indignamente, será culpado del cuerpo y de la sangre del Señor" (1 Corintios 11:27-32).

Memoriza los siguientes versículos

"Para que todos sean uno; como tú, oh Padre, en mí, y yo en ti, que también ellos sean uno en nosotros; para que el mundo crea que tú me enviaste."

Juan 17:21

"No dejando de congregarnos, como algunos tienen por costumbre, sino exhortándonos; y tanto más, cuanto veis que aquel día se acerca."

Hebreos 10:25

Notas y comentarios

_____

_____

_____

_____

_____

Lección 8

UN NUEVO PODER: EL BAUTISMO CON EL ESPÍRITU SANTO

*E*n una lección anterior vimos cómo desde nuestra conversión, el Espíritu Santo de Dios está con nosotros; nos da vida nueva; nos ayuda de diferentes maneras; y forja el carácter de Cristo en nuestra vida.

Pero el propósito de Dios no es sólo que tengamos una VIDA NUEVA AL NACER DEL ESPÍRITU y que su Espíritu esté en nosotros, sino que experimentemos el PODER DEL ESPÍRITU para una vida victoriosa y un servicio eficaz a Dios. Para esto Dios ha dado una promesa para todos los que creen en Cristo: EL BAUTISMO EN EL ESPÍRITU SANTO.

Juan el Bautista anunció: "Yo a la verdad os he bautizado con agua; pero él os bautizará con Espíritu Santo" (Marcos 1:8). Y Jesús, antes de morir, prometió a sus discípulos que enviaría al Espíritu Santo para que estuviera con ellos. Lo llamó el CONSOLADOR, término que viene del griego "paracleto", que significa "uno llamado a estar al lado de". Promesa bendita para cada uno de nosotros, de que no estaremos solos nunca en nuestra vida y servicio a Dios.

Poco antes de ascender al cielo, Jesús reiteró su promesa con otras palabras: "Pero recibiréis poder, cuando haya venido sobre vosotros el Espíritu Santo, y me seréis testigos . . ." (Hechos 1:8).

Y la promesa es extendida a todos los creyentes: "Porque para vosotros es la promesa, y para vuestros hijos, y para todos los que están lejos; para cuantos el Señor nuestro Dios llamare" (Hechos 2:39). Aquí estamos incluidos tú y yo por igual. Por lo tanto la promesa es para ti y para mí.

A. EL BAUTISMO CON EL ESPÍRITU SANTO

En el Libro de Hechos se menciona con la frase: "fueron llenos del Espíritu Santo" cuando los discípulos fueron bautizados con el Espíritu Santo. Podemos decir que el BAUTISMO CON (O EN) EL ESPÍRITU SANTO es la primera experiencia de ser llenos del Espíritu. Esta experiencia debe ser mantenida, cultivada y profundizada de manera permanente (Efesios 5:18).

También vemos que el NACER DEL ESPÍRITU (la conversión) y el BAUTISMO CON EL ESPÍRITU (la plenitud), son dos manifestaciones distintas del Espíritu de Dios en nuestra vida, y que nadie puede ser bautizado en el Espíritu sin haber nacido del Espíritu.

En los pasajes siguientes descubrirás que casi siempre el bautismo con el Espíritu Santo es una experiencia posterior a la conversión.

B. EL NACER DEL ESPÍRITU Y EL BAUTISMO CON EL ESPÍRITU

1. Jesús nació del Espíritu Santo, pero fue bautizado con ese mismo Espíritu recién después de su bautismo en agua en el río Jordán (Lucas 1:35; 3:21-22).
2. Los discípulos recibieron el Espíritu Santo antes de la ascensión del Señor (Juan 20:22), pero recibieron el poder del Espíritu en Pentecostés (Hechos 2:1-4).
3. Jesús hace una distinción entre las dos manifestaciones del Espíritu Santo, comparando la presencia del Espíritu recibida en la conversión con una "fuente de agua" (Juan 4:14); y al poder del Espíritu recibido en el bautismo con "ríos de agua viva" (Juan 7:38-39).

4. Los creyentes en Samaria y Éfeso son bautizados con el Espíritu después de su conversión (Hechos 8:4-24; 19:1-5) al orar por ellos los apóstoles con imposición de manos.

5. Saulo de Tarso se convirtió en el camino a Damasco, pero recibió después el bautismo en el Espíritu en la casa de Judas, por manos de Ananías (Hechos 9:1-19).

6. Hechos 10:1-48. Aquí tenemos un caso especial, en que Cornelio y su familia creyeron y recibieron el bautismo con el Espíritu casi simultáneamente.

C. EL PROPÓSITO DEL BAUTISMO CON EL ESPÍRITU SANTO

El propósito primordial es recibir poder espiritual para ser testigos de Cristo (Hechos 1:4-8). Los discípulos tuvieron que esperar a ser bautizados con el Espíritu Santo para comenzar su ministerio apostólico, ya que el ministerio al que los enviaba el Señor era un ministerio sobrenatural, que requería un poder sobrenatural.

El mismo Señor Jesucristo no inició su ministerio hasta ser investido con el poder del Espíritu Santo en el río Jordán, luego de ser bautizado en agua (Mateo 3:13-17).

D. CÓMO RECIBIR EL BAUTISMO CON EL ESPÍRITU SANTO

El Libro de Hechos y la experiencia de la iglesia muestran dos maneras de recibir el bautismo con el Espíritu Santo:

- En forma personal y directa.
- Por medio de oración, acompañada o no de imposición de manos.

La condición necesaria es haber recibido a Jesús como Salvador personal y Señor. Leemos en Hechos 2:38: "Arrepentíos y bautícese cada uno de vosotros en el nombre del Señor Jesucristo para perdón de los pecados, y RECIBIRÉIS EL DON DEL ESPÍRITU SANTO".

Recibir el bautismo con el Espíritu Santo es una cuestión de fe. Recordemos los siguientes hechos en la Palabra de Dios:

1. Hechos 2:11-4: El Espíritu Santo ya ha sido dado en Pentecostés y está en el mundo desde entonces. Sólo nos corresponde recibirlo por

la fe, y apropiarnos de la promesa. Dios es el primer interesado en que cada uno de nosotros reciba el poder del Espíritu.

2. Hechos 2:38-39: Toda persona que ya es salva por su fe en Cristo es apta para recibir el bautismo con el Espíritu. La promesa del Padre es para todo creyente.

3. El Espíritu Santo es una persona, y se la recibe de la misma manera como recibimos a Jesús para nuestra salvación (Juan 1:12; Apocalipsis 3:20).

4. Hechos 5:32: Es necesaria una disposición de renuncia al pecado y de obediencia a Dios. No significa que uno haya alcanzado ya un alto nivel de espiritualidad o que ya sea un santo, sino que tenga el deseo y la disposición. Es decirle a Dios: "Padre celestial, soy tu propiedad. Me has comprado con la sangre de Cristo. Reconozco que eres mi dueño absoluto. Haz lo que quieras de mí."

Esto es decisivo para recibir el bautismo con el Espíritu. Algún aspecto de la vida sin rendir es lo que impide a muchos esta bendición. El Señor ve nuestro corazón, y si encuentra sinceridad en él, nos bautizará con su Espíritu. El poder del Espíritu, entonces, será un poder adicional para vivir en victoria sobre el pecado.

5. Juan 7:37-39: Notemos la condición: "Si alguno tiene sed". Tener sed es desear intensamente. Es no estar conforme con su situación actual. Es desear el bautismo con el Espíritu como una necesidad absoluta. Si se siente ese deseo y necesidad, aunque no comprenda todas las cosas, la bendición está muy cerca.

6. Lucas 11:13: Jesús es muy explícito: si pedimos, recibiremos. Si pedimos que nos bautice con el Espíritu, Él lo hará.

7. Marcos 11:24: Recibir por fe. ". . . os digo que todo lo que pidiereis orando, creed que ya lo habéis recibido, y os vendrá" (traducción literal del original). No importa cuán absolutas sean las promesas de Dios, sólo las recibimos si creemos. También dice la Biblia: "si pedimos alguna cosa conforme a su voluntad, él nos oye. Y si sabemos que él nos oye en cualquiera cosa que le pidamos, sabemos que tenemos las peticiones que hayamos hecho" (1 Juan 5:14-15).

E. PRUEBAS DEL BAUTISMO CON EL ESPÍRITU SANTO

Hay varias manifestaciones que se dan cuando se recibe el bautismo con el Espíritu Santo:

1. El hablar en otras lenguas (Hechos 2:4; 19:6; 1 Corintios 14:2, 4,13-15). Estas lenguas son dadas por el Espíritu Santo para la adoración y oración a Dios. Aunque no las entendemos, las lenguas nos edifican espiritualmente. Pueden manifestarse en el momento de recibir el bautismo en el Espíritu o después, como parece haber sido el caso de Pablo. No son producto de nuestra mente ni de un éxtasis emocional, sino una experiencia esencialmente espiritual.

2. Una relación con Cristo y una vida de alabanza y adoración mucho más profunda (Juan 15:26; 16:13-14). Es el Espíritu Santo quien revela y glorifica a Cristo en el creyente, y lo relaciona con Dios. Al ser llenado por el Espíritu, esa revelación y glorificación es mucho más profunda e intensa.

3. Una mayor comprensión de la Palabra de Dios (1 Corintios 2:9-12). Mientras más llenos del Espíritu de Dios, mejor podremos discernir las cosas que son de Dios. El Espíritu Santo comienza a revelarnos su Palabra en forma más clara.

4. La manifestación de los dones del Espíritu (1 Corintios 12:4-11). Los dones del Espíritu Santo son capacidades sobrenaturales que Dios da para poder cumplir de manera más eficaz con el mandato de ser testigos de Cristo. Los dones se deben cultivar y desarrollar junto al fruto del Espíritu, es decir, con el desarrollo de un carácter santo. Estudiaremos estos dones en detalle más adelante.

F. DE LA DOCTRINA A LA EXPERIENCIA

Hasta aquí hemos visto suficientes referencias bíblica sobre el bautismo con el Espíritu Santo, aunque hay mucho más. La pregunta que viene lógicamente es: ¿QUIERES RECIBIRLO? Si es así, ten por seguro que Dios lo quiere más que tú. Sigue los pasos mencionados en "Cómo recibir el bautismo con el Espíritu Santo", y confía en que lo recibirás; o busca a un pastor o algún hermano autorizado que te ayude a entender cómo recibir el bautismo. Si tuvieras alguna duda, consulta con tu consejero o consejera.

Un último consejo: si en tu vida pasada has tenido contacto con alguna forma de ocultismo (curanderismo, espiritismo, hechicería, astrología, adivinación, idolatría, esoterismo, sectas orientalistas, etc.), pide una cita con tu pastor, porque esas cosas pueden ser un impedimento para tu crecimiento espiritual en general, y también en lo relacionado al bautismo con el Espíritu.

Notas y comentarios

_____

_____

_____

_____

_____

Lección 9

UNA NUEVA RESPONSABILIDAD: LA MAYORDOMÍA

Dios nos ha mostrado su amor de muchas maneras: hemos recibido el perdón de todos nuestros pecados, se nos ha librado de la condenación eterna y hemos recibido seguridad de la gloria con Dios.

Además, hemos recibido una nueva vida de gozo, paz, y propósito. Tenemos comunión con Dios mediante la oración y la adoración. Tenemos un nuevo alimento: su Palabra, y hemos sido incorporados a una nueva familia: la Iglesia, donde nos edificamos en la comunión con nuestros hermanos en Cristo. Por todo esto, nuestra deuda con Dios es impagable, y sólo puede haber gratitud eterna en nuestro corazón.

Esto nos lleva a otro tema muy importante: el de NUESTRA RESPONSABILIDAD PARA CON DIOS. Habiendo sido redimidos del pecado, no podemos seguir viviendo en egoísmo y sin tener en cuenta los propósitos eternos de Dios. Esta NUEVA RESPONSABILIDAD es lo que llamamos en el título de esta lección: LA MAYORDOMÍA CRISTIANA. Veamos, pues, la enseñanza bíblica en cuanto a este tema:

A. EL DERECHO DE PROPIEDAD DE DIOS

Por lo general vivimos, pensamos y sentimos como si fuéramos dueños absolutos de nuestra vida y de las cosas que tenemos. Igualmente el hombre utiliza los recursos naturales, los explota y los usa de manera incorrecta hasta el punto de agotarlos, como si fuera el único dueño de este planeta, ¡y del universo! Pero ¿es así en realidad? ¿Qué dice la Palabra de Dios al respecto? Veamos:

1. Su derecho por creación

a. ¿Dios es dueño de qué cosas según 1 Crónicas 29:11,14?

_____

b. Génesis 2:15: ¿cuáles fueron los dos encargos que Dios dio al hombre con relación a la tierra que había creado?

_____

c. Según Génesis 2:17, ¿Dios le dio al hombre libertad absoluta y sin restricciones?

_____

A la luz de los textos estudiados y de toda la enseñanza bíblica, Dios tiene el derecho absoluto de propiedad sobre todas las cosas y sobre nuestra vida, por ser el Creador. Es lo que algunos llaman su DERECHO POR CREACIÓN.

2. Su derecho por redención

Efesios 2:1 dice: "y él (Cristo) os dio vida a vosotros, cuando estabais muertos en vuestros delitos y pecados". Esa era nuestra situación: MUERTOS; viviendo esclavos del pecado, alejados de Dios, y caminando a una condenación eterna. Pero al ser salvos por Cristo, recibiendo una VIDA NUEVA, esta vida en realidad le pertenece a Él, por cuanto habíamos perdido el derecho a la nuestra.

¿Qué ha hecho Dios por nosotros, según los textos siguientes?

a. 1 Corintios 6:20; 7:23

_____

b. Tito 2:14

_____

c. Apocalipsis 5:9

_____

Es importante comprender los conceptos de "redención" y "redimir" en la Biblia. Su significado en el original es el de "comprar"; en algunos casos "comprar a un esclavo con miras a otorgarle la libertad" (Diccionario Expositivo de Palabras del Nuevo Testamento, W. E. Vine).

Dios nos ha redimido, nos ha comprado pagando el precio de nuestra libertad con la sangre del Señor Jesús, quien se ofreció para morir en nuestro lugar, pagando por nuestros pecados. Lo que se llama su DERECHO POR REDENCIÓN.

Aplicando estas verdades a tu vida, Dios es tu dueño porque tiene el DERECHO DE PROPIEDAD sobre ti por _____ y por

_____.

Esto es lo que implica el concepto del señorío de Jesús. El dijo a los que le seguían: "¿Por qué me llamáis, Señor, Señor, y no hacéis lo que yo digo?" (Lucas 6:46).

Si le llamamos Señor (traducción del griego kirios, que significa amo, dueño absoluto), estamos reconociendo su derecho de propiedad sobre toda nuestra vida. Esta es la esencia del verdadero cristianismo.

B. LA MAYORDOMÍA DE NUESTRO SER

La verdad del derecho de propiedad de Dios, nos lleva a la NUEVA RESPONSABILIDAD que tenemos, y que es la MAYORDOMÍA DE NUESTRO SER. Es reconocer que ya no vivimos para nosotros mismos, sino para Dios; que sólo somos administradores de la vida que Él nos da, y por lo tanto, debemos hacerlo conforme a su voluntad y no a la nuestra.

El mayordomo, en el contexto de la enseñanza bíblica, es el administrador de una propiedad ajena. Implica un gran privilegio pero al mismo tiempo una gran responsabilidad. Veamos en la Palabra de Dios qué implicaciones tiene la mayordomía de nuestro ser:

1. La mayordomía reflejada en una vida de santidad

a. ¿Qué desea Dios para nosotros en 1 Tesalonicenses 5:23?

_____

b. ¿Qué debemos hacer según Romanos 12:1?

_____

c. ¿En qué cosas debemos usar la mente según Filipenses 4:8?

_____

_____

En estos textos se nos exhorta a guardar en santidad todo nuestro ser: espíritu, alma y cuerpo, evitando la contaminación con el pecado, pues pertenecemos a un Dios santo.

Piensa por unos momentos en qué formas has estado mal usando tu espíritu, alma y cuerpo, y piensa en cómo puedes mejorar la mayordomía de tu vida.

2. La mayordomía reflejada en una vida de servicio

No sólo debemos vivir en santidad, sino que Dios quiere que usemos la vida que nos da para la extensión de su Reino en la tierra. Es el mejor uso que podemos dar a nuestro ser. Fíjate en los siguientes textos:

a. ¿Para qué fuimos comprados según 1 Pedro 2:9?

_____

b. En Mateo 28:18-20, ¿cuál fue el último mandato de Jesús a sus discípulos antes de ascender al cielo?

_____

c. ¿Para qué somos bautizados con el Espíritu Santo, según Hechos 1:8?

_____

El Señor Jesús dio enseñanzas muy claras en cuanto a la mayordomía de nuestra vida por medio de parábolas, como en la de los talentos en Mateo 25:14-30. Cada uno de nosotros hemos recibido dones y talentos, que debemos usar para la gloria de Dios, al ser testigos fieles de su salvación, de su amor y poder.

3. La mayordomía reflejada en el uso de nuestro tiempo

a. ¿Qué nos manda la Palabra de Dios en Efesios 5:16?

_____

b. ¿Cómo debemos usar el tiempo según 2 Timoteo 4:2-3?

_____

Piensa en qué estás mal usando tu tiempo, y cómo puedes ser mejor mayordomo de ese tiempo

_____

_____

C. LA MAYORDOMÍA DE NUESTRAS POSESIONES

Hemos visto por la Palabra de Dios cómo el Señor es dueño de todo nuestro ser: espíritu, alma y cuerpo; y también de nuestro tiempo. Pero Él es también el verdadero dueño de nuestras posesiones, que al fin de cuentas no son nuestras, y que Él nos ha dado simplemente para que las administremos.

En la Biblia, este reconocimiento se hace por medio de los DIEZMOS y de las OFRENDAS que damos a Dios.

El DIEZMO, en el Antiguo Testamento, era la décima parte de todo el producto, rebaño y ganado, que era declarado sagrado para Jehová. Las OFRENDAS eran dadas a Dios además del DIEZMO, como señal de gratitud por las bendiciones recibidas.

Veamos la enseñanza de la Palabra de Dios:

1. Génesis 14:20, Abraham dio sus diezmos.
2. Génesis 28:22, Jacob promete pagar sus diezmos.
3. Lucas 18:12, el joven rico daba fielmente sus diezmos.
4. Lee Malaquías 3:8-10. En este pasaje:

    a. ¿Qué le reclama Dios al pueblo?

_____

b. ¿En qué le habían robado?

_____

c. ¿Qué les prometió si eran fieles en los diezmos?

_____

En Deuteronomio 26:1-2;12;16-19, los diezmos y ofrendas eran parte del pacto de Dios con el pueblo. Dios prometía bendecirlos y prosperarlos; el pueblo prometía santidad y obediencia. Esta obediencia incluía el diezmo. Así también en el Nuevo Testamento, tenemos promesas de que si le somos fieles y obedientes, Dios nunca nos dejará sin lo que necesitamos.

5. ¿Qué nos exhorta el Señor en Mateo 6:25-32?

_____

6. ¿Qué nos promete la Palabra en Mateo 6:33?

_____

7. ¿Qué principio espiritual se nos da en 2 Corintios 9:6?

_____

El testimonio de muchísimos creyentes, es que si somos fieles en nuestros diezmos, el Señor nos bendice. En cambio, si no cumplimos con nuestros diezmos por incredulidad o por dureza de corazón, perdemos bendiciones, y muchas veces perdemos mucho más de lo que dejamos de dar. ¡CONFÍA EN EL AMOR Y LA FIDELIDAD DE DIOS!

Memoriza los siguientes versículos:

"Traed todos los diezmos al alfolí y haya alimento en mi casa; y probadme ahora en esto, dice Jehová de los ejércitos, si no os abriré las ventanas de los cielos, y derramaré sobre vosotros bendición hasta que sobreabunde."

Malaquías 3:10

"Pero esto digo: El que siembra escasamente, también segará escasamente; y el que siembra generosamente, generosamente también segará."

2 Corintios 9:6

Notas y comentarios

_____

_____

_____

_____

_____

Lección 10

UNA NUEVA ESPERANZA: LA SEGUNDA VENIDA DE CRISTO

Llegamos a la última lección de este Curso! Ha sido una aventura emocionante con la Palabra de Dios, ¿verdad? Ya comprendes lo que Dios ha hecho por ti, y conoces algunos de tus privilegios y responsabilidades como hijo de Dios.

En esta lección, veremos algo de lo que el Espíritu Santo ha revelado con relación a las cosas futuras y a los últimos tiempos. Gran parte de la revelación bíblica, tanto del Antiguo como del Nuevo Testamento, apuntan a la consumación del plan de salvación de Dios. La Iglesia mira con expectativa hacia aquel día en que se complete su redención. Tú y yo somos espectadores y protagonistas de los sucesos previos al acontecimiento principal hacia el cual marcha la historia: ¡LA SEGUNDA VENIDA DEL SEÑOR JESUCRISTO!

Veamos en las Escrituras lo que Dios ha anunciado para los últimos tiempos, y preparemos nuestro corazón para vivirlo.

A. LA SEGUNDA VENIDA DE CRISTO POR SU IGLESIA

1. Promesas de su segunda venida
a. ¿Qué anunció Jesús respecto a sí mismo en Mateo 16:27?

_____

_____

b. ¿Qué promesa hizo Jesús en Juan 14:3?

_____

_____

c. ¿Qué anunciaron los ángeles en Hechos 1:11?

_____

_____

Estas son sólo algunas de las muchísimas promesas que contiene la Palabra de Dios sobre la SEGUNDA VENIDA DEL SEÑOR JESUCRISTO. En realidad, hay más referencias en la Biblia sobre este acontecimiento que sobre su primera venida, cuando vino para morir en la cruz del Calvario.

Pero el Señor también ha dejado señales que nos servirán para saber cuando esté cerca su venida. No nos ha dado la fecha exacta, pues no nos toca a nosotros saberlo, y debemos cuidarnos de cualquier persona que, pretendiendo tener alguna revelación especial de Dios, quiera fijar el día de la venida del Señor. Lee Mateo 24:36 y Hechos 1:6-7.

2. Señales de su segunda venida
Lee Mateo 24:3-44, y anota las señales que se mencionan en los siguientes versículos:

a. v. 5

_____

b. v. 6

_____

c. v. 7

_____

d. v. 9

_____

e. v.14

_____

f. v.24

_____

La situación mundial en lo social, político, económico, y religioso, ¿te dice algo del cumplimiento de estas señales?

En los versículos 32 al 36 hay otra señal muy importante: En la Biblia, la higuera representa a Israel, y en estos versículos, la higuera que reverdece es una clara referencia a Israel que, después de vivir dispersa, odiada y errante por el mundo y sin tierra por casi 1,900 años, en 1948 fue reconocida de nuevo como nación por las Naciones Unidas, y comenzó a recuperar las tierras que Dios había dado a Abraham y a su descendencia (Génesis 12:1-2; 15:18-21). ¡ALGO INCREÍBLE DESDE EL PUNTO DE VISTA HUMANO!

Todas las señales indican que el tiempo de la venida del Señor está muy cerca. ¡Es inminente!

¿Cuál es la exhortación en los versículos 42 al 44?

_____

_____

3. El Arrebatamiento de la Iglesia

La Biblia nos muestra que habrá un acontecimiento glorioso antes que el Señor Jesucristo descienda literal y físicamente a la tierra. Es lo que se llama EL ARREBATAMIENTO DE LA IGLESIA. Lee los siguientes pasajes de la Biblia que describen detalles de ese acontecimiento:

a. Mateo 24:37-41. ¿Qué sucederá sorpresivamente con algunas personas?

_____

b. 1 Corintios 15:51-54. Pablo afirma que: Los muertos serán
_____ y los creyentes que estén viviendo en aquel día serán
_____.

c. 1 Tesalonicenses 4:13-17. ¿Qué pasará con los muertos en Cristo y los creyentes que estén viviendo cuando venga Cristo?

_____

Este arrebatamiento de la Iglesia de Cristo, será sorpresivo, sin previo anuncio. Sólo tenemos las señales que indican que está muy cerca, y que, por lo tanto, debemos estar listos para ese encuentro (1 Tesalonicenses 5:1-11).

B. EL ESTABLECIMIENTO DEL REINO DE DIOS EN LA TIERRA

Cuando Adán y Eva desecharon la soberanía de Dios sobre sus vidas cuando lo desobedecieron, se pusieron voluntariamente bajo la soberanía de Satanás. Pero después que la Iglesia sea arrebatada, el Señor comenzará su juicio sobre la humanidad incrédula y rebelde, pero también comenzará su juicio sobre Satanás, y reclamará sus derechos divinos sobre el mundo.

Por razones de tiempo, no podemos entrar a un estudio profundo de estos temas. Sólo trataremos de tener una idea general de los acontecimientos más sobresalientes.

1. La Gran Tribulación

Lee Mateo 24:15-22. En el v.21, ¿qué dijo Jesús que ocurriría?

_____

Los capítulos 6 al 18 del Apocalipsis describen en lenguaje simbólico lo que sucederá en la Gran Tribulación. Los "siete sellos", las "siete trompetas" y las "siete copas de ira" describen los juicios de Dios sobre este mundo.

Es la destrucción del sistema secularista y materialista, que ha preferido el placer, poder y dinero. Es el fin de la rebeldía contra Dios; de injusticias y de maldad. ES EL JUICIO DE DIOS SOBRE UNA HUMANIDAD REBELDE Y PECADORA. Gracias a Dios que los cristianos no pasaremos por esta tribulación, porque ya fuimos juzgados con Cristo.

2. El Milenio

El siguiente suceso será el descenso del Señor Jesucristo a la Tierra para establecer su reino en el que gobernará de forma personal por mil años. Durante ese tiempo Satanás será "atado" para que no tiente ni dañe a nadie. Mateo 24:29-30; 25:31-32; Apocalipsis 19:11-16; 20:1-6, describen estos sucesos, ya anunciados siglos antes por los profetas del Antiguo Testamento, y que llamamos el "Milenio".

3. El Juicio del Trono Blanco

Al terminar el Milenio, Satanás será soltado del "abismo"; incita a la humanidad a una nueva rebelión, pero desciende fuego del cielo y los consume (Apocalipsis 20:7-10). Satanás es lanzado con todos los suyos al lugar final de condenación que la Biblia llama el "lago de fuego y azufre". Dios levanta el "gran trono blanco" para juzgar a los que no han creído en Cristo (Apocalipsis 20:11-15).

Esto es muy importante. Todo lo que el hombre hace, a la luz como en la oscuridad; en público o en privado, está registrado en "los libros". Si fueras juzgado por tus obras, serías condenado irremediablemente, pero ¡tu nombre está inscrito en el "libro de la vida" desde el momento que creíste en Cristo como Salvador!

C. LA CULMINACIÓN DE LA HISTORIA

Ya lanzados Satanás y sus seguidores al lago de fuego y azufre, Dios hace una nueva creación. Es el comienzo de la eternidad de gloria de Dios con su criatura, del hombre con su Dios (Apocalipsis 21:1-8). Es el cumplimiento del plan eterno de Dios, de su voluntad de bendición sobre el ser humano.

1. Cielos nuevos y tierra nueva

a. ¿Quiénes vivirán en estos cielos nuevos y tierra nueva? (v.3)

_____

b. ¿Qué cosas no habrá en esta nueva creación? (v. 4)

_____

c. ¿Quiénes estarán excluidos? (v.8)

_____

2. La Nueva Jerusalén

En Apocalipsis 21:9-22:5 encontramos una descripción de la perfección, belleza y gloria de la habitación de los redimidos con Dios. Es un lenguaje sublime, tratando de describir lo indescriptible. Y emplea para ello lo más hermoso que el hombre conoce de la existencia material, pero sabiendo que la realidad será infinitamente más gloriosa.

Habiendo descendido ésta del cielo al iniciarse el milenio, se extenderá por la eternidad junto a los cielos nuevos y tierra nueva, como morada permanente del pueblo de Dios.

Disfruta, amado hermano, de la Palabra de Dios sin más explicaciones. Que el Espíritu Santo llene tu corazón de gratitud, esperanza y gozo, y eleve tu espíritu en adoración a Dios por su amor y grandeza. Porque todo esto es tuyo por medio de su Hijo, el Señor Jesucristo.

Lee ahora Apoclipsis 22:6-21.

a. ¿Cuándo vendrá Jesús según el versículo 7?

_____

b. ¿Para qué vendrá Jesús, según el v.12?

_____

c. ¿Qué advertencias hay en los vv.18-19?

_____

_____

d. ¿Qué pide Juan, el escritor, al final del v.20?

_____

¿Puedes tú, de todo corazón, hacer la misma oración que Juan? Si es así, escríbelo con tu propia mano

_____

Que éste sea tu anhelo, esperanza y oración mientras avanzas en el discipulado cristiano. Habrán pruebas y "baches" en el camino, pero nunca quites tu mirada de la meta gloriosa que Dios ha puesto delante de ti. Dios te bendiga.

Memoriza los siguientes versículos

"He aquí, os digo un misterio: No todos dormiremos; pero todos seremos transformados, en un momento, en un abrir y cerrar de ojos, a la final trompeta; porque se tocará la trompeta, y los muertos serán resucitados incorruptibles, y nosotros seremos transformados."

1 Corintios 15:51-52

". . . Yo soy el Alfa y la Omega, el principio y el fin. Al que tuviere sed, yo le daré gratuitamente de la fuente del agua de la vida. El que venciere heredará todas las cosas, y yo seré su Dios, y él será mi hijo."

Apocalipsis 21:6-7

Notas y comentarios

_____

_____

_____

_____

_____

DISCIPULADO

Avanzando en el discipulado

HUMBERTO LAY

Índice

INTRODUCCIÓN

*B*ienvenido o bienvenida a esta segunda etapa en tu nueva vida en Cristo, en la cual estarás AVANZANDO EN EL DISCIPULADO, descubriendo verdades prácticas que te permitirán conocer más a Dios, al mismo tiempo que irás creciendo en tu vida espiritual.

Hay un principio común en toda forma de vida: el crecimiento. El mismo principio rige en el ámbito de la vida espiritual. Nacemos espiritualmente por la obra del Espíritu Santo en el mismo instante de nuestra conversión; pero el proceso de crecimiento es algo que nos acompaña durante toda la vida.

Cristo es nuestro Salvador y Señor, y también nuestro Maestro. Él llamó a doce discípulos; les predicó, enseñó y les adiestró, y luego les dijo: "Id, y haced discípulos a todas las naciones, bautizándolos en el nombre del Padre, y del Hijo, y del Espíritu Santo; enseñándoles que guarden todas las cosas que os he mandado; y he aquí yo estoy con vosotros todos los días, hasta el fin del mundo".

Han pasado casi veinte siglos y muchísimas generaciones, y ahora tú eres uno de aquellos discípulos de "todas las naciones", heredero y receptor de esa promesa de bendición, gracias a la fidelidad de hombres y mujeres fieles al mandato del Señor Jesucristo. Pero sobre todo, gracias a Dios, quien en su infinita e invariable gracia te ha llamado para ser uno de sus hijos amados.

Pero también eres llamado a ser un discípulo de Jesús, y es tu privilegio y responsabilidad el avanzar en este discipulado, siendo cada día más semejante al Maestro, pero también capacitándote para que a tu vez tengas el gozo de poder "ir, y hacer discípulos".

Al comenzar este estudio, recuerda siempre lo siguiente

a. ORA antes de tu estudio personal de cada lección, pidiendo la ayuda del Espíritu Santo.

b. PREGUNTA con confianza a tu maestro por cada cosa que no has podido entender.

c. DA GRACIAS A DIOS por las cosas que vas descubriendo y que bendicen tu vida.

d. DA A CONOCER las bendiciones que has recibido a tus familiares y amigos cada vez que tengas oportunidad.

e. CONOCE Y AMA a los compañeros de tu Grupo de Discipulado.

f. PON EN PRÁCTICA los principios aprendidos.

Recuerda también las siguientes promesas y mandamientos de la Palabra de Dios:

"Yo os he entregado, como lo había dicho a Moisés, todo lugar que pisare la planta de vuestro pie . . . Nunca se apartará de tu boca este libro de la ley, sino que de día y de noche meditarás en él, para que guardes y hagas conforme a todo lo que en él está escrito; porque entonces harás prosperar tu camino, y todo te saldrá bien . . . Mira que te mando que te esfuerces y seas valiente; no temas ni desmayes, porque Jehová tu Dios estará contigo en dondequiera que vayas." Josué 1:3,8,9

"Un mandamiento nuevo os doy: Que os améis unos a otros; como yo os he amado, que también os améis unos a otros. En esto conocerán todos que sois mis discípulos, si tuviereis amor los unos por los otros." Juan 13:34-35

Cómo estudiar este libro

Es recomendable estudiarlo en grupos de 8 a 12 personas como máximo.

El alumno debe estudiar la lección personalmente durante la semana, pidiendo en oración que el Espíritu Santo le ayude a comprender las verdades de la Palabra de Dios; leyendo y meditando los textos indicados y respondiendo las preguntas que se le hacen, y orando que esa Palabra se haga parte de su ser y le dé forma a su vida.

Una vez por semana se reunirán con un maestro que dirigirá la consideración de la lección, permitiendo en lo posible la intervención de todos los alumnos; aclarando conceptos y guiando a conclusiones prácticas para la vida.

En cada sesión se puede dar testimonio de situaciones concretas en las que lo estudiado fue de bendición para cada uno de ellos, a fin de enriquecer la enseñanza con experiencias de la vida diaria.

Obedece a Dios cada momento. "El que tiene mis mandamientos, y los guarda, ése es el que me ama; y el que me ama, será amado por mi Padre, y yo le amaré, y me manifestaré a él" (Juan 14:21).

Habla a otros de lo que Cristo ha hecho y hace por ti. Da a conocer a otros el maravilloso amor de Dios, que también es para ellos.

Lección 1

CÓMO HABLAR DE CRISTO A OTROS

Uno de los primeros resultados en la vida de una persona al nacer de nuevo, es un vivo deseo de hacerle conocer a otros lo que está experimentando en su nueva vida en Cristo. Esto es lo que la Biblia llama "testificar", o "dar testimonio" o "ser testigos" de Cristo. Y es una de las pruebas de una conversión genuina a Cristo.

Alguien ha dicho que testificar es: "Un mendigo diciéndole a otro mendigo dónde conseguir pan". Es el deseo de hacerle conocer a otros el gozo de haber encontrado el Pan de Vida, Jesucristo, quien ha saciado la necesidad más profunda de nuestra alma. Es el deseo de que otros experimenten el mismo gozo y bendición.

1. RAZONES PARA TESTIFICAR

1. ¿Cuáles fueron las 4 cosas que ordenó Jesús a sus discípulos según Mateo 28:18-20?

_____

_____

2. ¿Para qué hemos sido bautizados con el Espíritu Santo según Hechos 1:8?

_____

3. Según Romanos 1:14-16

   a. ¿Qué se consideraba Pablo para con todos?

_____

   b. ¿Qué estaba dispuesto a hacer?

_____

_____

   c. ¿Por qué estaba pronto a anunciar el evangelio?

_____

4. Según Hechos 8:1,4, ¿fueron los apóstoles o los discípulos quienes anunciaron el Evangelio?

_____

5. Testificando es una de las maneras en que respondemos al amor de Dios demostrado en Cristo: 2 Corintios 5:14-15.

6. Ezequiel 3:18-19 es una amonestación muy solemne con referencia al testimonio para salvación: "Cuando yo dijere al impío: De cierto morirás; y tú no le amonestares ni le hablares . . . el impío morirá por su maldad, pero su sangre demandaré de tu mano. Pero si tú amonestares al impío, y él no se convirtiere de su impiedad y de su mal camino, él morirá por su maldad, pero tú habrás librado tu alma."

7. Hay gozo en ganar almas para el Reino de Dios, porque las estamos arrancando de un camino seguro a la condenación eterna y de una vida sin propósito ni esperanza (Salmo 126:5-6).

2. CÓMO PRESENTAR EL EVANGELIO

Lo que sigue es sólo una orientación fundamental para ayudarte a testificar a tus familiares y amigos, considerando que todavía no tienes mucho conocimiento de la Palabra de Dios, pero sí mucho deseo de dar a conocer a Cristo a ellos. Posteriormente podrás llevar un estudio de discipulado práctico para la evangelización, donde recibirás una capacitación mayor para ser un ganador de almas, a la vez que podrás luego enseñar a otros para que hagan lo mismo.

A. CONSIDERACIONES PREVIAS

a. Recuerda que tu responsabilidad es sólo presentar el mensaje de salvación de la mejor manera posible. No es tu tarea o responsabilidad convertir a la gente. La salvación de una persona es algo sobrenatural, que requiere del poder sobrenatural de Dios (Zacarías 4:6), y no depende de la elocuencia o la capacidad humanas.

b. Aunque vas a aprender algunos principios y pautas para testificar, y aunque debes hablar del Señor en toda oportunidad que se te presente, también debes DEPENDER DE LA DIRECCIÓN DEL ESPÍRITU SANTO para determinar la persona, el momento apropiado y las palabras apropiadas para que tu testimonio tenga la mayor efectividad.

c. ORA de manera definida por la obra del Espíritu Santo sobre la persona antes, durante y después de testificarle.

d. HAZLO CON AMOR Y PACIENCIA.

e. ¡NUNCA DISCUTAS! Las discusiones nunca ayudan a ganar a las personas sino a alejarlas de Cristo. Podrás ganar la discusión, pero habrás perdido un alma.

f. NO TE DESANIMES si algunos no aceptan tu testimonio, o no se convierten. Otros lo harán. Sigue orando e insiste. No te están rechazando a ti, sino a Cristo. Recuerda la oración de Jesús en favor de los que le crucificaban: "Padre, perdónalos porque no saben lo que hacen".

B. CÓMO COMENZAR

a. INTERÉSATE POR LA VIDA DE LA PERSONA a quien testificas. Quizá tengas que comenzar hablando de temas generales o seculares.

b. INTRODUCE GRADUALMENTE EL TEMA ESPIRITUAL, de una manera natural y no forzada. Si notas que la persona no quiere entrar en el tema, no insistas. Ora que Dios te dé otra oportunidad.

c. DA TU TESTIMONIO PERSONAL en forma breve, recalcando los aspectos positivos, y dando siempre el primer lugar al Señor.

C. LAS DOS PREGUNTAS DE DIAGNÓSTICO

Si no conoces a la persona, estas dos preguntas te ayudarán a descubrir con mucha probabilidad su verdadera condición espiritual. Si la conoces y sabes que no ha nacido de nuevo, te pueden ayudar a entrar en el tema. Puedes variar las palabras, pero manteniendo la idea principal.

a. Si murieras hoy, ¿estás seguro (o segura) de que irías al cielo? Si responde que no está seguro o segura, puedes contarle cómo tú tampoco lo estabas, hasta que descubriste por la Biblia que sí era posible estar seguro. Si te responde que sí está seguro, no lo contradigas. Entonces añade la siguiente pregunta

b. Supongamos que mueres esta noche y tienes que presentarte ante Dios. Si Él te preguntara: "¿Por qué debo permitirte entrar al cielo?", ¿qué le responderías? Si da cualquier otra razón que no sea la fe en la obra de Cristo en la cruz, sabes que probablemente no ha nacido de nuevo. Es muy común que estén confiando en sus buenas obras, o en que no hacen daño a nadie.

Sin necesidad de decirle que está equivocado, y reconociendo lo importante que es todo esto, puedes comenzar a presentarle el plan de salvación, con todo el entusiasmo que el Espíritu Santo ponga en tu corazón.

D. UN BOSQUEJO DEL EVANGELIO

Aprende de memoria este bosquejo, pero considéralo siempre sólo como una ayuda. Mantente flexible para variarlo según te dirija el Espíritu Santo, y de acuerdo con el desarrollo del diálogo y a las reacciones de la persona.

Este bosquejo está desarrollado en el folleto "CÓMO OBTENER LA VIDA ETERNA", que puedes utilizar como una ayuda para aclarar conceptos en tu propia mente, o también para la presentación del mensaje mismo. Regálale un ejemplar al final, haya hecho o no su decisión por Cristo.

De preferencia usa la Biblia, haciendo que la persona lea los versículos por ella misma. Trata de añadir otros versículos similares de tu propia "cosecha", los que harán tu testimonio más auténtico, personal y variado.

EL BOSQUEJO

a. Dios ama al ser humano

Juan 3:16: "Porque de tal manera amó Dios al mundo, que ha dado a su Hijo Unigénito, para que todo aquel que en él cree, no se pierda, mas tenga vida eterna".

b. Pero el hombre es pecador

Romanos 3:23: "Por cuanto todos pecaron, y están destituidos de la gloria de Dios".

c. Y el pecado tiene un castigo

Romanos 6:23: "Porque la paga del pecado es muerte, mas la dádiva de Dios es vida eterna en Cristo Jesús, Señor nuestro".

d. Pero Cristo sufrió nuestro castigo

Romanos 5:8: "Mas Dios muestra su amor para con nosotros, en que siendo aún pecadores, Cristo murió por nosotros".

e. Por eso nuestra salvación es gratuita

Efesios 2:8-9: "Porque por gracia sois salvos por medio de la fe; y esto no de vosotros, pues es don de Dios; no por obras, para que nadie se gloríe".

f. Debemos recibir a Cristo como nuestro Salvador

Juan 1:12: "Mas a todos los que le recibieron (a Cristo), a los que creen en su nombre, les dio potestad de hacerse hijos de Dios."

g. Y reconocerlo como el Señor de nuestra vida

Romanos 10:9: "Que si confesares con tu boca que Jesús es el Señor, y creyeres en tu corazón que Dios le levantó de los muertos, serás salvo".

E. GUIÁNDOLO A LA DECISIÓN

Este es el momento culminante de la presentación del Evangelio. Debe hacerse en oración, pidiendo que el Espíritu Santo obre en el corazón de la persona. Las preguntas que siguen son sólo modelos o ejemplos.

a. La pregunta calificadora

- ¿Has entendido bien lo que Cristo ha hecho por ti?"
- ¿Te das cuenta de que Cristo quiere entrar en tu vida como tu Salvador y Señor; perdonar todos tus pecados y darte vida eterna?

Si la respuesta es afirmativa, prosigue a

b. La pregunta de decisión

- "¿Quieres confiar solamente en Cristo para el perdón de tus pecados y para tu salvación?"
- "¿Estás dispuesto a arrepentirte de tus pecados y seguir a Cristo?"
- "¿Quieres recibir a Cristo como tu Salvador y como el Señor de tu vida?"

Si la respuesta es afirmativa, pídele que repita contigo

c. La oración de decisión, con palabras como éstas

"Señor Jesús, reconozco que soy un pecador (pecadora), y que necesito tu perdón. Me arrepiento de mis pecados. Creo que pagaste por ellos al morir en mi lugar, pero que luego resucitaste y que vives para siempre. Te invito a entrar en mi vida como mi Salvador personal. Te reconozco como el Señor de mi vida. Recibo la vida eterna que me ofreces. Gracias, Señor."

Termina orando por la persona.

Dale confianza y reafirma la seguridad del perdón de sus pecados y de la vida eterna, dando gracias y la gloria a Dios!

Memoriza los siguientes versículos

"Toda potestad me es dada en el cielo y en la tierra. Por tanto, id, y haced discípulos a todas las naciones, bautizándolos en el nombre del Padre, y del Hijo, y del Espíritu Santo; enseñándoles que guarden todas las cosas que os he mandado; y he aquí yo estoy con vosotros todos los días, hasta el fin del mundo."

Mateo 28:18-20

"Mas vosotros sois linaje escogido, real sacerdocio, nación santa, pueblo adquirido por Dios, para que anunciéis las virtudes de aquel que os llamó de las tinieblas a su luz admirable."

1 Pedro 2:9

Notas y comentarios

_____

_____

_____

_____

_____

Lección 2

LA ALABANZA Y
LA ADORACIÓN A DIOS

*L*eemos en la Palabra de Dios: "Dios es Espíritu; y los que le adoran en espíritu y en realidad es necesario que le adoren" (Juan 4:24), y "Así que, ofrezcamos siempre a Dios, por medio de él, sacrificio de alabanza, es decir, fruto de labios que confiesan su nombre" (Hebreos 13:15).

En las Escrituras encontramos los conceptos de alabanza y adoración, con sus variaciones, más de 570 veces. ¿Qué es alabar a Dios? ¿Qué es adorar a Dios? ¿Por qué son tan importantes a la luz de la Palabra de Dios? ¿Cómo debemos hacerlo? Esta lección te ayudará a encontrar las respuestas en la Biblia misma. Pide en oración que lo que aprendas redunde en una relación mucho más profunda y gozosa con el Señor.

Cuando nacemos de nuevo por la fe en Jesucristo, surge en nuestro corazón gratitud y gozo por el perdón de nuestros pecados y por la libertad espiritual que sentimos. Además, el Espíritu Santo revela a nuestro espíritu el amor de Dios, su bondad, perfección, hermosura y santidad.

Como resultado de esto surgen dos sentimientos totalmente nuevos en nosotros: el deseo de alabar y el de adorar a Dios.

Sentimos la necesidad de expresar nuestro gozo y alegría por tantas cosas buenas que nos da, y lo hacemos orando o cantando. Sentimos el deseo de hablar o de cantar sobre su grandeza, su amor, su poder y su santidad. ESTO ES LA ALABANZA.

Tenemos necesidad de expresarle nuestro amor, nuestra gratitud y admiración, y sumergirnos en su amor y su grandeza; quedar extasiados en la hermosura de su presencia. ESTO ES ADORACIÓN.

Vamos a ver algunas enseñanzas importantes en los Salmos, cuyos temas centrales son precisamente la alabanza y la adoración. Lee los textos que se te indican y responde a las preguntas que siguen.

1. LA ALABANZA

A. ¿Qué acciones se describen en los siguientes textos, que son acciones de alabanza?

a. Salmo 95:1

_____

b. Salmo 96:2

_____

c. Salmo 96:3

_____

d. Salmo 96:8

_____

B. ¿Qué sentimientos y actitudes caracterizan a la alabanza según estos versículos?

a. Salmos 95:1

_____

b. Salmos 100:2

_____

c. Salmos 103:2

_____

C. ¿Con qué debemos alabar a Dios?

   a. Efesios 5:19

   _____

   b. Salmo 98:4

   _____

   c. Salmo 149:3

   _____

   d. Salmo 150:3-6

   _____

D. ¿Dónde y cuándo debemos alabar a Dios?

   a. Efesios 5:19

   _____

   b. Salmo 149:1

   _____

   c. Salmo 149:5

   _____

   d. Hebreos 13:15

   _____

Vemos, pues, que la alabanza es la expresión de un alma agradecida, que siente alegría, júbilo, emoción, por la grandeza de un Dios lleno de amor; y por las bendiciones que recibe de El. Y expresa esa emoción sin inhibiciones con palabras, cantando, clamando, con instrumentos musicales, aplaudiendo, danzando, ofrendando, etc.

Es importante recordar que la alabanza es expresión de un sentimiento genuino del corazón. Es más que simplemente cantar, palmear o decir frases aprendidas, imitando a otros. Es exteriorizar una vivencia interior genuina.

E. La alabanza y nuestro estado de ánimo

¿Cómo describe Hebreos 13:15 lo que es la alabanza?

a. Un _____.

b. Fruto de _____ que _____ .

La alabanza es también un SACRIFICIO. Es decir, algo que ofrecemos voluntariamente a Dios, no sólo porque sentimos el deseo de hacerlo, sino porque debemos hacerlo. Dios merece nuestra alabanza independientemente de nuestro estado de ánimo. Su grandeza y nuestra deuda de gratitud no son alterados por los cambios en nuestras emociones.

F. Bendiciones de la alabanza

a. Salmo 22:3: Dios habita en medio de la alabanza de su pueblo.

b. Apocalipsis 12:11: Tenemos victoria sobre Satanás por medio de la palabra del testimonio (o confesión). Cuando alabamos, confesamos la Palabra de Dios, confesamos el nombre de Jesús (Hebreos 13:15).

c. Salmo 96:23: La alabanza anuncia y proclama las maravillas de Dios, afectando el corazón de los hombres. Es un factor importante para la salvación de almas.

2. LA ADORACIÓN

Es más difícil de entender por ser más subjetiva e interior, más propia del espíritu. Todo creyente puede adorar a Dios, pero sólo cuando está lleno del Espíritu puede adorar en espíritu y en verdad. Es una de las bendiciones del bautismo con el Espíritu Santo.

A. ¿Qué acciones acompañan a la adoración según los verbos usados en los siguientes textos?

a. Salmo 95:6

_____

b. Apocalipsis 4:10; 7:1

_____

c. 1 Corintios 14:25

B. ¿Qué sentimientos y actitudes están relacionados con la adoración en los siguientes versículos?

a. Salmo 95:7: "Porque Él es nuestro Dios; nosotros el pueblo de su prado, y ovejas de su mano."

• Amor, intimidad, sentido de pertenencia, de protección.

b. Salmo 96:9: "Adorad a Jehová en la hermosura de su santidad; temed delante de Él toda la tierra."

• Admiración, reverencia.

c. Apocalipsis 4:10-11: "Señor, digno eres de recibir la gloria y la honra y el poder; porque tú creaste todas las cosas, y por tu voluntad existen y fueron creadas."

• Sobrecogimiento por la grandeza y el poder de Dios.

d. Lc 7:36-38: Cuando la mujer pecadora ungió los pies de Jesús fue un símbolo de la adoración. Expresa: quebrantamiento ("llorando, . . ."); humildad ("comenzó a regar con lágrimas sus pies"); amor ("y besaba sus pies"); deseo de agradar ("y los ungía con el perfume"). El romper el frasco de alabastro y el costo del perfume simbolizan de manera hermosa el deseo de dar todo de sí en la adoración.

C. ¿Qué es, en esencia, la adoración?

a. Es cumplimiento del primer y más grande mandamiento: "Amarás al Señor tu Dios con todo tu corazón, y con toda tu alma, y con todas tus fuerzas, y con toda tu mente".

b. Es la relación más profunda entre el creyente y su Dios. Es el amor respondiendo al amor. Es el creyente dándose a sí mismo en amor a su Dios. Es la expresión más plena de gratitud, amor, admiración y reverencia; no tanto por las bendiciones que recibe, sino por lo que El es y por la inmensa gracia de su amor.

D. La expresión de la adoración.

a. La adoración es esencialmente interior, subjetiva y espiritual, pero se exterioriza de diferentes maneras

• Momentos de silencio, quietud, contemplación, solemnidad.

• Momentos de reverencia profunda, quebrantamiento y lágrimas.

• Adorando con palabras y con el entendimiento, o con lenguas del Espíritu.

• Cantando con el entendimiento o con el espíritu.

b. La forma de expresión no determina su intensidad. Lo que hacemos no produce adoración. Es la adoración lo que busca expresarse, así como los abrazos y besos no producen amor, sino que el amor busca expresarse por medio de ellos.

c. Las limitaciones de la adoración. No importa la forma de expresión que usemos, nunca podremos expresar plenamente todo lo que sentimos en la presencia de Dios, ni tampoco podemos adorar todo lo que Dios merece, debido a nuestras limitaciones e imperfecciones humanas. Por eso es necesaria la adoración corporativa como iglesia. Lo que no podemos hacer individualmente como miembros, el cuerpo de Cristo sí lo puede hacer. Por eso es tan importante la participación de cada creyente en los cultos de adoración de la iglesia.

d. Las bendiciones de la adoración. Adorar es entrar en la presencia de Dios; es entrar en contacto con la gloria de Dios. ¿Qué produce esto según los siguientes textos?

• Salmo 16:11

• 2 Corintios 3:18

La experiencia muestra que cuando la iglesia alaba y adora en espíritu y en realidad, Dios obra maravillas como sanidades, liberaciones, etc., y el Espíritu Santo comienza a satisfacer las necesidades de cada creyente.

Memoriza el siguiente versículo

"Bendice alma mía, a Jehová, y bendiga todo mi ser su santo nombre. Bendice, alma mía, a Jehová y no olvides ninguno de sus beneficios."

Salmo 103:1-2

Notas y comentarios

_____

_____

_____

_____

_____

Lección 3

LA AUTORIDAD
DEL CREYENTE

Durante el tiempo que has vivido como hijo de Dios, ya habrás podido confirmar lo que la Palabra de Dios enseña en cuanto a las luchas del creyente. Posiblemente te han venido pruebas, dificultades, oposición, etc.

Jesús ya nos había advertido que "ancha es la puerta, y espacioso el camino que lleva a la perdición . . . estrecha es la puerta, y angosto el camino que lleva a la vida" (Mateo 7:13-14).

La Biblia nos enseña que tenemos tres frentes de lucha

- La carne, esa tendencia al pecado que heredamos de Adán;
- El mundo, que es el sistema de vida dominado por el egoísmo, las pasiones y la vanidad; en una palabra, por el pecado; y
- Satanás y sus demonios, cuyo carácter y poder se revelan por los nombres que le da la misma Palabra de Dios: "león rugiente", "príncipe de este siglo", "principados", "potestades", "huestes espirituales de maldad", "potestades y gobernadores de las tinieblas", etc.

La carne es vencida por medio del espíritu (Gálatas 5:16-23); "crucificándola" (Gálatas 5:24); haciendo "morir las obras de la carne" (Romanos 8:12). El mundo es vencido "presentando nuestros cuerpos en sacrificio vivo, santo, agradable a Dios, . . . transformándonos por medio de la renovación de nuestro entendimiento" (Ro 12:1-2); alimentando nuestro amor a Dios (Santiago 4:4; 1 Juan 2:15).

Estos dos frentes de la lucha del creyente serán tratados en el tercer tomo de esta serie de Discipulado Básico. Pero en esta lección veremos cómo podemos enfrentar y vencer a Satanás y sus huestes con la autoridad que Cristo nos ha dado. A esto se debe el título de esta lección: LA AUTORIDAD DEL CREYENTE.

El bautismo con el Espíritu Santo es la puerta de entrada a una vida de plenitud y victoria, pero esa vida no será una realidad si no ejercemos la autoridad que Dios nos ha dado sobre las huestes de las tinieblas que nos acosan en todo momento. Veamos la enseñanza bíblica

1. LA AUTORIDAD ORIGINAL DEL HOMBRE

a. Lee Génesis 1:28-2:15. ¿Qué facultades dio Dios al hombre sobre la creación?

_____

b. Adán tenía autoridad delegada por Dios. Esto significa que tenía libertad para ejercer su autoridad sobre la creación, pero debía mantenerse en obediencia y sujeción a la autoridad legítima y absoluta que estaba por encima de él: Dios.

2. LA AUTORIDAD USURPADA POR SATANÁS

a. Cuando el hombre desobedeció a Dios y le hizo caso a la serpiente, se rebeló contra la autoridad de su Creador, y sin saberlo, se sometió a la autoridad de Satanás. Al hacerlo así, perdió también su autoridad sobre la creación, y Satanás ganó dominio sobre él y sobre el mundo, dominio que mantiene hasta el día de hoy.

b. Lee Lucas 4:6: ¿Qué dijo Satanás que le había sido entregado? ¿Refutó Jesús la afirmación de Satanás?

_____

_____

_____

_____

c. ¿Cómo llama Jesús a Satanás en Juan 12:31; 16:11?

_____

d. ¿Cómo lo llama Pablo en Efesios 2:2?

_____

3. LA AUTORIDAD DE CRISTO

A. Cristo tiene autoridad legítima por creación

Lee Colosenses 1:15-17 y anota las respuestas

* ¿Por quién fueron creadas todas las cosas?

_____

* ¿Para quién fueron creadas?

_____

* ¿Quién sustenta todas las cosas con su poder?

_____

* ¿Son estos hechos suficientes para reconocer su autoridad sobre este mundo?

_____

B. Cristo tiene autoridad adquirida por la redención efectuada en la cruz

Lee Colosenses 2:8-15 y escribe las respuestas

* ¿Qué hizo Jesús con la ley que nos condenaba, según el versículo 14?

_____

* ¿Qué hicieron Satanás y sus demonios según el v.15?

_____

Lee Efesios 1:15-23

* Según el v.20, ¿dónde está sentado el Señor Jesucristo?

_____

- ¿Sobre quiénes ha sido puesto según el v.21?

Lee Filipenses 2:5-11. ¿Cuál ha sido el resultado de su humillación voluntaria y muerte en la cruz, según los versículos 9 al 11?

---

4. EL PODER DE CRISTO

Con referencia al tema que nos ocupa, hay dos palabras griegas en el Nuevo Testamento, relacionadas entre sí pero diferentes

- *Exousía* que significa "autoridad; poder de regir o gobernar, el poder de aquel cuya voluntad y mandatos deben ser obedecidos por los demás".
- *Dunamis*, que significa "poder; capacidad inherente; capacidad de realizar cualquier cosa; fuerza". (Diccionario expositivo de palabras del Nuevo Testamento, V. E. Vine)

Cristo tiene autoridad por creación y redención, pero también tiene poder infinitamente más grande que el de Satanás y sus huestes

- Efesios 1:21: Jesús ha sido puesto "sobre todo principado y autoridad (*exousía*) y poder (*dunamis*) y señorío."
- Lucas 4:14,36: "Y Jesús volvió en el poder (*dunamis*) del Espíritu . . . con autoridad (*exousía*) y poder(*dunamis*) manda a los espíritus inmundos, y salen."
- 1 Juan 3:8: "Para esto apareció el Hijo de Dios, para deshacer las obras del diablo." Esto implica que tiene más poder que Satanás.

5. LA AUTORIDAD Y EL PODER DEL CREYENTE

A. Jesús dio autoridad y poder a sus discípulos

Lee los textos siguientes y anota las respuestas

- Lucas 9:1: ¿Sobre qué les dio autoridad y poder a sus 12 discípulos?

- Lucas 10:19: ¿Qué potestad (autoridad) les dio Jesús a los 70 discípulos?

- Efesios 1:21-23: Satanás está bajo los pies de Cristo; la Iglesia es el cuerpo de Cristo, compuesta por todos los creyentes; por lo tanto Satanás está bajo la iglesia y también bajo los pies de cada creyente.

B. El creyente tiene la autoridad y el poder del Espíritu Santo por el bautismo con el Espíritu y por su identificación con Cristo

a. Hechos 1:8: ¿Qué reciben los creyentes cuando son bautizados con el Espíritu Santo?

---

b. Efesios 3:20: ¿En quiénes actúa el poder de Dios?

---

c. Efesios 2:6; 1 Pedro 3:22: ¿Con quién estamos sentados? ;y ¿quiénes están sujetos a Él?

---

d. 2 Timoteo 1:7: ¿Qué Espíritu hemos recibido?

C. El creyente tiene el poder de la sangre de Jesús

Apocalipsis 12:11: "Y ellos le han vencido (a Satanás) por medio de la sangre del Cordero y de la palabra del testimonio de ellos."

Satanás tenía autoridad sobre nosotros por nuestro pecado. Desde el momento que la muerte de Cristo logró para nosotros el perdón, limpiándonos de todo pecado, le fue quitada esa autoridad. La muerte de Cristo fue la derrota de Satanás. De allí el poder de la sangre del Hijo de Dios. Este poder se extiende sobre toda obra del diablo: acusaciones falsas a nuestra mente; enfermedades; influencias, ataduras y opresiones; maldiciones, brujerías, etc.

También hay poder en la alabanza, como vimos en la lección anterior. Muchas veces ocurren sanidades y liberaciones de personas oprimidas por el diablo en medio de la alabanza y adoración del pueblo de Dios, aun sin que se ore específicamente.

Satanás tiene autoridad en el mundo, y lo oprime y arrastra tras el pecado y la impiedad. Pero nosotros tenemos AUTORIDAD DADA POR CRISTO sobre él, y por lo tanto no debemos temerle, porque en Dios tenemos la victoria sobre él.

Satanás tiene mucho más poder que nosotros, pero a nosotros se nos ha dado el PODER DEL ESPÍRITU SANTO.

Por esto el grito de triunfo de Pablo en Ro 8:31-39: "Si Dios es por nosotros, ¿quién contra nosotros? . . . Antes, en todas estas cosas SOMOS MÁS QUE VENCEDORES POR MEDIO DE AQUEL QUE NOS AMÓ. Por lo cual estoy seguro de que ni la muerte, ni la vida, ni ángeles, ni principados, ni potestades, . . . ni ninguna otra cosa creada nos podrá separar del amor de Dios, que es en Cristo Jesús Señor nuestro."

Memoriza los siguientes versículos

"He aquí os doy potestad de hollar serpientes y escorpiones, y sobre toda fuerza del enemigo, y nada os dañará."

Lucas 10:19

"Por lo cual Dios también le exaltó hasta lo sumo, y le dio un nombre que es sobre todo nombre, para que en el nombre de Jesús se doble toda rodilla de los que están en los cielos, y en la tierra, y debajo de la tierra; y toda lengua confiese que Jesucristo es el Señor, para gloria de Dios Padre."

Filipenses 2:9-11

Notas y comentarios

_____

_____

_____

_____

Lección 4

Esperanza, creencia y fe

L a fe es uno de los elementos más importantes en la vida cristiana.
En realidad, todo lo que hacemos está relacionado con la fe, sea
consciente o inconscientemente. Igualmente, todo lo que podemos recibir de Dios es por fe. Lee los siguientes versículos y anota lo que dicen
en cuanto a la fe: ¿Qué logramos por medio de ella?

Efesios 2:8

_____

Hebreos 11:6

_____

Hebreos 11:32-33

_____

Hechos 14:9

_____

Es importante que comprendamos bien lo que es la fe, porque por lo
general no hay un concepto claro de lo que es. Veamos en primer lugar
dos conceptos que son confundidos con la fe, pero que no lo son.

1. ESPERANZA NO ES FE

- Esperanza y fe son dos conceptos diferentes. La Palabra de Dios las distingue, mencionándolas separadamente. Lee 1Co 13:13 y 1P 1:21.

- La esperanza se refiere siempre a cosas futuras, mientras que la fe tiene que ver mayormente con cosas presentes. En los siguientes pasajes, ¿la esperanza tiene que ver con cosas del presente o del futuro?

  Salmo 39:4-7

  _____

  1 Juan 3:2-3

  _____

- La esperanza tiene que ver más con nuestros sentimientos: anhelamos, deseamos, esperamos algo. La fe tiene que ver más con nuestra voluntad: decidimos creer y confiar en la promesa o la Palabra de Dios.

  En Proverbios 13:12, ¿con qué se relaciona la esperanza?

  _____

- La esperanza lleva en sí misma algo de incertidumbre. Cuando decimos: "Tengo la esperanza de que Dios me sanará", estamos diciendo: "Creo que Dios me puede sanar; quiero y espero que lo haga, pero no estoy seguro de si lo hará, ni cuándo." Eso no es fe, porque la fe no admite duda. Con sólo esperanza no recibiremos las promesas de Dios, porque ellas se reciben por fe.

2. CREENCIA NO ES FE

En el idioma griego del Nuevo Testamento no había diferencia entre los conceptos de creencia y de fe, pero en nuestro idioma sí la hay. Para nosotros creer o creencia es más un asentimiento mental o intelectual, pero en el que no nos involucramos. En cambio tener fe es actuar sobre lo que creemos. Es una acción.

En Santiago 2:14-26 se nos presenta la diferencia entre fe y creencia en términos de una fe que produce obras y la fe muerta que no produce obras; es decir, una falsa fe que no tiene consecuencias en nuestra vida.

¿Qué dice Santiago 2:19?

_____

_____

Vemos aquí que los demonios tienen la creencia en Dios, pero no actúan conforme a esta fe. Es la misma situación de todos aquellos que dicen que tienen fe en Dios pero no viven según esa fe. En realidad lo que tienen es sólo una creencia en Dios, pero no fe. Es "fe sin obras" o "fe muerta" en los términos de Santiago.

¿Cómo debemos vivir según Romanos 1:17?

_____

_____

3. LO QUE ES LA FE

Lee Hebreos 11:1 y anota los dos conceptos que definen la fe

Fe es _____.

Fe es _____.

Analicemos estos dos conceptos

a. Fe es certeza de lo que se espera.

La palabra "certeza" es traducción del griego *hupóstasis*, que significa "sustancia; lo que está debajo de; la realidad de algo."

Por lo tanto, fe es dar como real algo que todavía esperamos. Ya no es sólo tener esperanza de algo, como un sencillo deseo o anhelo, sino la absoluta seguridad de que ya tenemos ese algo. Es considerarlo tan real como si lo estuviéramos viendo y tocando. En Hebreos 6:11 vemos cómo la esperanza se convierte en certeza o fe.

b. Fe es convicción de lo que no se ve

La palabra "convicción" es traducción del griego *élenchos* que significa "demostración". Por lo tanto, tener fe es estar tan seguro de algo que no vemos, que es como si lo estuviéramos demostrando, o que no necesitamos mayor demostración.

Uniendo los dos conceptos, fe es dar por hecho algo que esperamos, aunque no lo tengamos todavía. Es dar por cierto algo que no vemos o no podemos comprobar con nuestros sentidos físicos. La mejor prueba la encontramos en Marcos 11:24, donde Jesús dice: "Por tanto, os digo que todo lo que pidiereis orando, creed que ya lo habéis recibido, y os vendrá". (Esta es la traducción literal del original, según los eruditos en el idioma griego).

4. LA BASE DE NUESTRA FE

En el mundo natural ejercemos cierto grado de fe en todo lo que hacemos. Por ejemplo:

Trabajamos porque tenemos fe que nos van a pagar a fin de mes.

Tomamos leche porque tenemos fe en que nos alimentará.

Nos ponemos en manos de un cirujano porque tenemos fe en que extirpará exitosamente el tumor que nos afecta.

Esta clase de fe se fundamenta en la información que tenemos: las referencias sobre el empleador; las enseñanzas recibidas en el hogar y en la escuela sobre el valor nutritivo de la leche; las recomendaciones sobre el cirujano, etc. Y también por las pruebas que vamos haciendo de todo esto a través de la experiencia en nuestra propia vida.

En el mundo espiritual, nuestra fe se basa en hechos y premisas revelados por Dios mismo, y comprobados en la experiencia cristiana. Lee los siguientes versículos y anota las respuestas

a. Romanos 10:17. ¿Cómo podemos tener fe?

_____

_____

b. Lucas 1:37. ¿Por qué podemos tener fe aun en los casos más difíciles?

_____

_____

c. Colosenses 1:20. ¿Por qué podemos tener fe en las promesas de Dios?

_____

d. Números 23:19. ¿Por qué podemos tener fe en la Palabra de Dios?

_____

_____

e. Mateo 11:2-6. ¿A qué apeló Jesús para que Juan el Bautista creyera?

_____

_____

5. EL PODER DE LA FE

¡Espera un momento!

La fe no tiene poder en sí misma como algunos creen. Muchos dicen: "Yo tengo mucha fe"; otros dicen: "Lo importante es que tengas fe"; otros más dicen: "La fe todo lo puede".

Pero veamos la enseñanza bíblica sobre lo que en realidad debemos entender al referirnos al "PODER DE LA FE"

¿Cuánta fe se necesita para hacer prodigios según los versículos siguientes?

a. Mateo 17:20

_____

b. Lucas 17:6

_____

Notemos que en ningún caso Jesús dijo: "Tienes que tener mucha fe". Entonces, ¿Por qué es la fe tan poderosa?

Porque no depende de nuestra fuerza o poder. Tampoco depende del poder de la fe en sí misma, sino que depende del poder de Dios.

c. Juan 14:13-14: ¿Quién responde a nuestras oraciones y hace aquello que pedimos en fe?

_____

_____

_____

d. Juan 15:16: ¿Quién lo hace?

_____

e. Lucas 18:27: ¿Qué es imposible para Dios?

_____

f. Marcos 9:23: ¿Qué es posible para el que cree?

_____

La fe es sólo la llave que abre el flujo del poder de Dios; pero este poder sí es ilimitado. La fe aparte del poder de Dios no es nada. Pero la fe que descansa en el poder y la Palabra de Dios lo puede todo.

¡Por eso una fe tan pequeña como un grano de mostaza mueve montañas! ¡HAY PODER EN LA FE QUE DESCANSA EN DIOS!

6. LA FE SE DEBE FUNDAMENTAR EN LA PALABRA DE DIOS

Hemos visto ya el poder que tiene la fe, porque no depende de nosotros ni de ella misma, sino del poder de Dios.

Pero hay otro aspecto importante: la fe tiene que fundamentarse en la Palabra de Dios, porque no puede actuar en forma autónoma de la soberanía de Dios, ni en contra de su naturaleza santa.

a. Oseas 14:9. ¿Por qué no podemos pedir cosas malas a la luz de este versículo?

_____

b. Juan 15:7. ¿Cuál es la condición para que todo lo que pidamos sea hecho por Dios?

_____

c. 1 Juan 5:14. ¿Cuál es la condición para que Dios nos conceda nuestras peticiones?

_____

Nuestra fe debe estar en armonía con la naturaleza santa de Dios, y con su voluntad soberana expresada en la Palabra escrita, o revelada por su Espíritu Santo a nuestra mente o a nuestro espíritu. Si se dan estas dos condiciones, podemos estar seguros de que Dios actuará para su gloria.

Memoriza los siguientes versículos

"Es, pues, la fe la certeza de lo que se espera, la convicción de lo que no se ve."

Hebreos 11:1

"Por tanto, os digo que todo lo que pidiereis orando, creed que lo recibiréis, y os vendrá."

Marcos 11:24

Notas y comentarios

_____

_____

_____

_____

_____

Lección 5

CÓMO CRECE LA FE

Hemos visto en la lección anterior lo que es la fe, según la revelación misma de la Palabra de Dios en Hebreos 11:1: "la certeza de lo que se espera; la convicción de lo que no se ve".

Vimos también que nuestra fe se basa en la Palabra eterna de Dios, así como en su misma naturaleza como un Dios todopoderoso para quien nada es imposible; y un Dios veraz en cuyas revelaciones de los misterios eternos y promesas podemos confiar absolutamente.

Veamos dos cosas más que la Palabra de Dios nos enseña en cuanto a la fe

   a. Según Efesios 2:8, ¿la fe es algo que podemos tener por nosotros mismos?

_____

   b. En Romanos 12:3, ¿cuánta fe ha recibido de Dios cada uno?

_____

Pero aunque la fe es algo que hemos recibido, conforme a la medida de Dios para cada uno, también leemos en la Palabra de Dios que esta fe debe crecer (2 Corintios 10:15) y debe ir completándose (1 Tesalonicenses 3:10).

Dice Romanos 1:17 que "el justo por la fe vivirá". Si a esto añadimos la verdad de que todas las cosas en el mundo espiritual las recibimos por fe, nos damos cuenta de lo importante que es el que nuestra fe crezca constantemente.

Por medio de esta lección, descubrirás en la misma Palabra de Dios los principios espirituales que permitirán que tu fe crezca, y puedas así agradar más a Dios, y apropiarte más y más de las bendiciones que tiene para ti. De esta manera, tu vida cristiana será en realidad emocionante, con continuas experiencias nuevas con Dios, y de un crecimiento continuo hacia "la estatura de la plenitud de Cristo" (Efesios 4:13).

1. LA FE CRECE POR LA PALABRA

Romanos 10:17 dice que la fe viene por _____.

Dwight L. Moody, uno de los grandes evangelistas en la historia moderna de la iglesia, nos da una excelente aplicación de este versículo cuando nos da a conocer el testimonio de su propia experiencia:

"Yo oraba pidiendo fe, y pensaba que un día iba a venir la fe sobre mí como un rayo. Y la fe no venía. Pero un día leí en el capítulo diez de Romanos: «la fe es por el oír, y el oír por la Palabra de Dios» (v.17). Antes yo cerraba mi Biblia y oraba pidiendo fe. Ahora abro mi Biblia y comienzo a estudiarla. Desde entonces mi fe ha estado creciendo."

En Juan 4:29, la mujer samaritana dice a los hombres de su ciudad: "Venid, ved a un hombre que me ha dicho todo cuanto he hecho. ¿No será éste el Cristo?"

En los versículos 39 al 42 se nos dice que "muchos de los samaritanos de aquella ciudad creyeron en él [en Cristo] por la palabra de la mujer . . . Entonces vinieron los samaritanos a él y le rogaron que se quedase con ellos; y se quedó allí dos días. Y creyeron muchos más por la palabra de él, y decían a la mujer: Ya no creemos solamente por tu dicho, porque nosotros mismos hemos oído, y sabemos que verdaderamente éste es el Salvador del mundo, el Cristo."

De este pasaje se deduce que los samaritanos creyeron en Jesús por el testimonio de la mujer; pero su fe creció cuando escucharon la palabra hablada por Jesús mismo. Nosotros no podemos escuchar con nuestros oídos físicos a Jesús, pero la Biblia es la Palabra de Dios, como si Él o Jesús mismo nos estuvieran hablando personalmente.

Ella nos revela muchas cosas que tienen que ver con el mundo espiritual: su naturaleza, sus leyes; y especialmente con Dios mismo: su pensamiento, sus propósitos eternos, su obrar, sus atributos, etc.

También contienen las promesas de Dios para ti. En la medida en que las conozcas y leas en ellas la forma maravillosa en que Dios ha cumplido siempre con su palabra y sus promesas, tu fe irá creciendo y se fortalecerá, porque "la fe viene por el oír . . . la Palabra de Dios".

2. LA FE CRECE POR LA ORACIÓN

Lee el relato de la liberación del muchacho endemoniado en Mateo 17:14-21, y descubre por ti mismo la relación que hay entre la oración y la fe.

a. Por qué los discípulos no pudieron echar fuera el demonio del muchacho, según el v.20?

_____

_____

b. ¿Qué pudiéramos hacer si tuviéramos suficiente fe?

_____

c. ¿Cómo podemos tener esa clase de fe?

_____

_____

Oración y ayuno son dos cosas que hacen crecer nuestra fe. La oración, porque es tener una experiencia personal con Dios. Así podemos conocer más personalmente a Dios, en quien descansa, a fin de cuentas, toda fe. El ayuno, porque al no depender de las cosas materiales, nos hace depender más de Dios, y ejercita así nuestra fe.

En Marcos 9:23-29, el relato paralelo de la liberación del muchacho endemoniado, Jesús le dice al padre del muchacho: "Si puedes creer, al que cree todo le es posible". El padre creía lo suficiente como para pedir ayuda a Jesús, pero es consciente que no tiene tanta fe como para estar seguro de que su hijo sanaría. Y con gran ingenuidad exclama: "Creo, ayuda mi incredulidad".

Es lo mismo que podemos hacer nosotros. Orar pidiendo a Dios más fe. Él responderá nuestra oración, y nuestra fe crecerá.

3. LA FE CRECE POR EL EJERCICIO DE ELLA

Lee Josué 1:3. ¿Qué le había entregado Dios a Josué?

_____

Josué tenía que ir avanzando paso a paso, y la conquista iría de acuerdo con su propia determinación de avanzar por fe. Así ocurre con nosotros. Si actuamos de acuerdo con el "tamaño" de nuestra fe, y damos un paso, al comprobar que Dios sí responde, podremos continuar con otro paso, y otro, obteniendo más y más de la "tierra prometida" por Dios.

Fe no es sólo creer lo que dice la Palabra de Dios. Es actuar basándose en ella. Mientras más actúes basándose en la Palabra, ejercitarás tu fe y ella crecerá.

En Marcos 9:23-24, el padre no tenía mucha fe, pero usó la poca que tenía. Con toda seguridad, al ver el resultado de esa poca fe la liberación de su hijo- estaría más dispuesto a creer y confiar en el poder de Jesús en una próxima oportunidad.

El ejercicio de la fe siempre implica el riesgo de fracasar. Por ese temor muchas veces no nos animamos a orar por los enfermos; a confiar en Dios para nuestra propia sanidad; confiar en la solución divina para un gran problema, etc.

En 1 Pedro 1:3-9, ¿qué obtenemos por medio de la fe?

a. v.5

_____

_____

b. v.9

_____

_____

c. Según el v.7, ¿qué hace Dios con nuestra fe?

_____

_____

Sin embargo, tu fe no podrá ser sometida a prueba si no la ejercitas, y si nunca ejercitas tu fe, nunca podrás comprobar la fidelidad de Dios y que tu fe sí funciona. EJERCITA TU FE, Y ELLA IRA CRECIENDO.

4. LA FE CRECE POR LA CONFESIÓN DE ELLA

La confesión de nuestra fe es una enseñanza totalmente bíblica, pero en algunos casos ha sido tergiversada y en otros, injustamente criticada.

a. ¿Qué dice Romanos 10:10?: Qué debemos _____ con el corazón, pero que debemos _____ con la boca.

b. En Marcos 11:23 ¿qué nos será hecho: ¿lo que creemos, o lo que decimos?

_____

¿Por qué es tan importante que "digamos" lo que creemos; es decir, ¿por qué es tan importante la confesión de nuestra fe? Porque es la confirmación o demostración de nuestra fe. Es correr el riesgo; es exponernos; y esto es la verdadera prueba de nuestra fe.

Debemos tomar en cuenta de que siempre la confesión sigue a la fe. No al revés. La fe en nuestra sanidad es espiritual y no una autosugestión mental que se basa en repetir mecánicamente: "Estoy sano . . . Estoy sano . . . Estoy sano", cuando todas las pruebas y nuestro corazón dicen lo contrario.

Si tenemos fe en que Dios ya está obrando para nuestra sanidad, aunque los síntomas todavía no desaparecen, podemos confesar esa fe y decir: "Yo creo que Dios me está sanando", o "Yo creo que me sanará", y darle gracias. La fe es confiar en la Palabra de Dios y en el testimonio del Espíritu más que en las circunstancias o manifestaciones físicas.

Al confesar nuestra fe ya la ejercitamos y reafirmamos. Y al hacerlo así ella crece. ¡NO TEMAS Y CONFIESA TU FE!

Es necesario con relación a la confesión de la fe aclarar algo. Se ha usado el texto en Proverbios 6:2: "Te has enlazado con las palabras de tu boca, y has quedado preso en los dichos de tus labios" para afirmar que al confesar cualquier cosa, quedamos atados a esa confesión. Por ejemplo, si decimos: "Parece que me va a dar la gripe", nos va a suceder.

Todo texto bíblico debe interpretarse a la luz de su contexto, y Proverbios 6:2 debe ser considerado en su contexto, que va del v.1 al 5: "Hijo mío, si salieres fiador por tu amigo, si has empeñado tu palabra a un extraño, te has enlazado con las palabras de tu boca, y has quedado preso en los dichos de tus labios. Haz esto ahora, hijo mío, y líbrate, ya que has caído en la mano de tu prójimo; ve, humíllate, y asegúrate de tu amigo . . ."

Vemos con claridad que se trata de empeñar la palabra en una fianza por otra persona, cosa que no aconseja la Palabra de Dios, la que está de acuerdo con Proverbios 11:15: "Con ansiedad será afligido el que sale por fiador de un extraño; mas el que aborreciere las fianzas vivirá seguro." Pero no podemos vivir angustiados pensando que cada palabra que sale de nuestra boca nos va a esclavizar, porque sería una forma sutil de superstición.

Memoriza los siguientes versículos

"Porque con el corazón se cree para justicia, pero con la boca se confiesa para salvación."

Romanos 10:10

"Así que la fe es por el oír, y el oír, por la palabra de Dios."

Romanos 10:17

Notas y comentarios

_____

_____

_____

_____

_____

Lección 6

CONOCIENDO LOS DONES ESPIRITUALES

Seguramente te han llamado la atención ciertas manifestaciones en los cultos de la iglesia, como lenguas extrañas, profecías, etc. Esta lección tiene como propósito que te familiarices con la enseñanza bíblica acerca de estas manifestaciones, que no son otra cosa sino el ejercicio de los dones del Espíritu Santo, algo normal en toda iglesia que cree en el poder de ese Espíritu Santo y lo experimenta en su vida y ministerio.

Lee Hechos 1:8 y responde a las siguientes preguntas:

a. ¿Para qué recibirían los discípulos de Jesús el poder del Espíritu Santo?

_____

b. ¿Hasta cuándo tendrían que ser testigos?

_____

Los dones espirituales son algunas de las manifestaciones de ese poder que Cristo ha dado a su iglesia por medio del bautismo con el Espíritu Santo, para que pueda cumplir con su misión en la tierra hasta que Él venga. Esto nos muestra que los dones deben estar vigentes hasta que esto suceda.

Esta es sólo una lección introductoria al estudio de los dones espirituales para el servicio. Por ahora veremos sólo los dones que con más frecuencia se encuentran en la iglesia, y en especial los que con más frecuencia son objeto de excesos y errores. Un estudio más detallado y completo se tendrá en programa de estudio posterior.

Lee 1 Corintios 12:4-6. En este pasaje encontramos la mención de dones, ministerios y operaciones. Los dones son dados por el Espíritu Santo; los ministerios son dados por el Señor Jesucristo; pero la operación o el obrar en todos ellos es del mismo Dios.

En los versículos 8 al 10, ¿cuáles dones o manifestaciones del Espíritu Santo se mencionan?

_____

_____

_____

La Biblia no da una definición precisa de los dones de palabra de ciencia y de sabiduría, y por eso hay diferentes interpretaciones de lo que son. Las definiciones que siguen son similares a las de muchos siervos de Dios con gran experiencia práctica en este campo de los dones sobrenaturales.

1. EL DON DE PALABRA DE CIENCIA O DE CONOCIMIENTO

Definición: Es una revelación por el Espíritu Santo de ciertos hechos específicos, presentes o pasados, y que no pudieron ser conocidos por medios naturales.

En los pasajes que siguen, ¿qué cosas fueron reveladas en estas manifestaciones del don de palabra de ciencia?

a. Juan 1:45-50

_____

b. Hechos 5:1-4

_____

También el Espíritu puede revelar otras cosas como enfermedades, problemas personales, estados de ánimo, etc., y usando diversos medios para estas revelaciones, como visiones, sueños o voces (Hechos 9:10-12; 11:7); o por revelación interior a nuestro espíritu (Hechos 5:3).

Precaución: Cuando el Espíritu revela pecados de una persona, no es para que se le juzgue ni se divulgue públicamente dichos pecados, sino para restaurarla con amor, o para proteger a la iglesia. En estos casos se deben aplicar las normas que el Señor da en Mateo 18:15-17.

2. EL DON DE PALABRA DE SABIDURÍA

Definición: Es una revelación sobrenatural por el Espíritu Santo de algo de la sabiduría divina. A diferencia de la palabra de ciencia, la palabra de sabiduría apunta al futuro: cosas que Dios va a hacer o cosas que debemos hacer conforme a los propósitos de Dios., dentro del marco de su sabiduría eterna e infinita.

Fíjate cuáles fueron los propósitos de Dios al revelar cosas del futuro en los siguientes pasajes

a. Hechos 13:2-3

_____

b. Hechos 27:23-25

_____

Muchas veces los dones de palabra de ciencia y de sabiduría obran juntos. Como el anterior, este don también puede manifestarse por medio de sueños, visiones, voces, revelación interior, etc.

Precauciones: El uso de este don requiere de mucha prudencia. Toda "instrucción" que tiene que ver con la vida de una persona o de la iglesia (matrimonio, viajes, decisiones, etc.) sólo puede confirmar lo que Dios revela por otros medios, y en especial por la Palabra de Dios.

No se debe buscar a los hermanos con este don para pedirles que "oren y averigüen" lo que se debe hacer, como quien acude a un adivino.

La manifestación del don no depende del que lo posee, sino de la soberanía del mismo Espíritu Santo. Si oramos pidiendo la dirección de Dios, El tomará la iniciativa si quiere revelarnos algo, o lo indicará de alguna otra manera.

3. EL DISCERNIMIENTO DE ESPÍRITUS

Definición: Es el don que permite percibir e identificar la presencia y el obrar del mundo espiritual, tanto divino como demoniaco.

¿Qué clase de espíritus fueron reconocidos en los siguientes pasajes?

a. Marcos 1:23-26

_____

b. Hechos 16:16-18

_____

4. EL DON DE PROFECÍA

Definición: Profecía es una declaración inspirada directamente por el Espíritu Santo a un creyente, con el propósito de edificar, exhortar y consolar a la iglesia o a una persona.

Lee 1 Corintios 14:1-5; 12-13.

a. ¿Por qué el don de profecía es más útil que el de lenguas, según los vv.1-4?

_____

b. ¿Cuándo el don de lenguas equivale al de profecía según el v.5?

_____

El don de profecía puede darse en un culto público, así como en el tiempo devocional de un creyente, cuando Dios le quiere hablar personalmente.

La profecía genuina siempre va a estar en armonía con la Palabra escrita de Dios. Dios no puede contradecirse. La profecía tampoco debe reemplazar a la predicación de la Palabra de Dios, sino complementarla.

5. LOS DIVERSOS GÉNEROS DE LENGUAS

Definición: Una declaración en lenguas es aquella inspirada sobrenaturalmente por el Espíritu Santo, en un lenguaje desconocido por el que habla, no entendido por su mente ni necesariamente entendido por los oyentes.

Este don está en plural porque hay una gran variedad de lenguas y un creyente puede recibir más de una.

Nota los varios usos de las lenguas en 1 Corintios 14

a. v.2

___

b. v.4

___

c. v.5 (cuando es interpretada)

___

d. v.15: para cantar ("cantaré con el espíritu")

___

e. v.22

___

(Cuando son lenguas o idiomas conocidos sólo por los oyentes pero no por el que habla).

Todo creyente bautizado con el Espíritu Santo tiene la capacidad potencial de hablar en lenguas como un don devocional para su propia edificación (aunque no siempre se manifieste en forma inmediata).

En cambio, el don de lenguas para edificación de la iglesia no es dado a todos (1Corintios 12:11,30). El apóstol Pablo en 1 Corintios 14:5 implica que no todos los corintios hablaban en lenguas. El don de lenguas más interpretación equivale al don de profecía, y debe ser ejercido con las mismas precauciones que éste último. Puede ser también vehículo para los dones de revelación.

6. LA INTERPRETACIÓN DE LENGUAS

Definición: Es la declaración inspirada sobrenaturalmente por el Espíritu Santo, dando el significado de una declaración por medio del don de lenguas.

Es interpretación, no traducción. Y muchas veces no hay relación entre la longitud de la declaración en lenguas con la interpretación. El que tiene el don puede interpretar cualquier lengua, siempre que el Espíritu le dé dicha interpretación en cada caso.

En el ejercicio de los dones de inspiración, siempre cabe la posibilidad de error, por la interferencia de la mente o de espíritus de error.

Pero esta posibilidad no debe de llevar a la iglesia a negar o rechazar estos dones. Los errores son humanos, no de Dios. Sólo se debe mantener una alta sensibilidad a la voz del Espíritu por la comunión con Dios y con su Palabra, y una alta dosis de humildad.

7. LOS DONES DE SANIDADES

Definición: Es el don de sanar las enfermedades o dolencias sin el uso de medios naturales.

Todo creyente debe esperar ver sanidades por el sencillo ejercicio de su fe, basándose en la obra expiatoria de Cristo y a sus promesas. Pero los dones de sanidades obran de una manera mucho más notable que la fe general fundamentada en la Palabra de Dios. Y aunque el fundamento para su operación sigue siendo la misma obra de Cristo, en estos dones se hace manifiesta en forma más directa, como señales del poder de Dios.

Lee los pasajes que se te indican, y nota algunas de las formas en que se puede practicar la sanidad

a. Mateo 8:8

_____

b. Marcos 16:16-18

_____

c. Hechos 5:15

_____

d. Hechos 19:12

_____

En la experiencia de la iglesia se puede comprobar que el Espíritu Santo es soberano, y se manifiesta aun de maneras diferentes a las mencionadas en las Escrituras.

Los dones de sanidades pueden operar con creyentes o inconversos por igual, mientras que la sanidad por la fe general ocurre por lo general entre los creyentes.

Los dones de fe y de milagros se están dejando sólo por razones de espacio para un estudio posterior.

Memoriza el siguiente versículo

"Seguid el amor; y procurad los dones espirituales, pero sobre todo que profeticéis.'

1 Corintios 14:1

Notas y comentarios

_____

_____

_____

_____

_____

Lección 7

CONOCIENDO LOS MINISTERIOS EN LA IGLESIA

En la lección anterior hemos visto algunos de los dones que los creyentes bautizados con el Espíritu pueden recibir, y que con el fruto del Espíritu en un carácter santificado, los capacitan para ser auténticos testigos de Cristo.

Hoy vamos a ver otro tema importante para tu vida como miembro del cuerpo de Cristo, para una mejor comprensión de la vida de la iglesia y para tu servicio al Señor: LOS MINISTERIOS EN LA IGLESIA.

¿Recuerdas 1 Corintios 12:4-6?

La diversidad de dones es dada por

_____

La diversidad de ministerios es dada por

_____

La diversidad de operaciones es hecha por

_____

Las palabras "ministerio, ministro y ministrar" son traducciones de palabras griegas relacionadas con diakonía, que significa "servicio" o "mayordomía", y que en el contexto bíblico se refiere en especial al aspecto espiritual. Por lo tanto en el Nuevo Testamento un ministerio es, fundamentalmente, un servicio espiritual que se presta al Señor en el marco de la iglesia, el cuerpo de Cristo.

Todo creyente es un miembro del cuerpo de Cristo. Y así como todo miembro de nuestro cuerpo físico cumple una función, también todo miembro del cuerpo de Cristo debe cumplir una función. Esa función constituye su ministerio particular dentro de la iglesia. Al estudiar esta lección, ora que el Espíritu Santo te revele el o los ministerios que tiene reservados para ti.

1. LOS CINCO DONES DEL MINISTERIO EN EFESIOS 4

Vamos a analizar, en primer lugar, algunas enseñanzas en cuanto a los ministerios en Efesios 4:11-16. Lee el pasaje y responde a las siguientes preguntas

a. En el v.11, ¿cuáles son los ministerios que Cristo ha dado a su iglesia?

_____

b. ¿Cuál es el propósito de los ministerios según el v.12?

_____

c. ¿Quiénes deben hacer la obra del ministerio?

_____

d. ¿Qué resulta cuando todos cumplen con el ministerio que Cristo les ha encomendado según el v.12?

_____

e. ¿Hasta cuándo deben funcionar estos ministerios en la iglesia?

_____

Vemos, pues, que los ministerios no son cargos de los cuales alguien pueda sentirse orgulloso, sino dones de Cristo para bendición de su iglesia. Cada creyente a quien es encargado un ministerio, se convierte en servidor de Cristo, y debe cumplir con ese ministerio con responsabilidad y humildad.

1 Pedro 4:10 dice: "Cada uno según el don que ha recibido, minístrelo a los otros, como buenos administradores de la multiforme gracia de Dios."

A. EL APÓSTOL

La palabra "apóstol" viene del griego *apostolos*, que significa "un enviado". El Padre envió a Jesucristo, el Apóstol por excelencia, y Jesucristo envió a sus doce discípulos (Juan 20:21), quienes forman un grupo especial de apóstoles, porque habían estado junto al Señor.

a. En Mateo 28:18-20, ¿cuál fue la comisión dejada por Jesús a los apóstoles?

_____

b. ¿En 1 Corintios 3:10, cuál es la función del apóstol?

_____

c. En 2 Corintios 12:12, ¿cuáles son las señales del apostolado?

_____

A la luz de lo visto, el apóstol es uno enviado para extender el evangelio en el mundo, y ganar a las almas para Cristo; las pastorea por un tiempo y les enseña los fundamentos de la Palabra de Dios, hasta que la iglesia queda ya establecida y puede ir a otro lugar para iniciar una nueva obra. El ministerio de apóstol es uno de los más exigentes en cuanto a los dones del Espíritu, pero también en cuanto al fruto del Espíritu para soportar dificultades, incomodidad, etc.

B. EL PROFETA

El profeta edifica, exhorta y consuela a la iglesia mediante el don de profecía, como en el caso de Judas y Silas en Hechos 15:32.

Puede anunciar cosas del futuro mediante el don de palabra de sabiduría (Agabo en Hechos 11:28; 21:10-11); puede revelar hechos presentes o pasados por el don de palabra de ciencia (Natán en 2 Samuel 12:1-15); y también discernir espíritus mediante el don correspondiente (Como Pablo en Hechos 16:16-18).

No hay que confundir el don de profecía, que cualquier creyente bautizado en el Espíritu puede recibir, con el ministerio de profeta, que es un ministerio dado por el Señor Jesucristo, con una unción especial, y que conlleva el ejercicio de varios de los dones del Espíritu.

C. EL EVANGELISTA

El evangelista es "uno que anuncia el Evangelio". Es decir, uno que anuncia las buenas nuevas de salvación. Muchas veces su ministerio está acompañado por los dones de sanidades y de milagros como parte de sus credenciales, como confirmación divina del mensaje de salvación, pero es por la predicación de la Palabra que las personas serán salvas (Hechos 8:6).

En un sentido, todos los creyentes debemos ser evangelistas, porque el mandato de ser testigos de Cristo es para todos (Hechos 1:8), pero el evangelista como don del ministerio es diferente. El evangelista tiene un corazón ardiente por las almas perdidas, y la unción de Dios para predicar el mensaje de salvación, de tal manera que, normalmente, siempre resultará en almas salvadas.

D. EL PASTOR

El apóstol funda iglesias; el evangelista gana almas para Cristo; pero es el pastor el encargado de cuidar el rebaño; de alimentarlo para que crezca y se fortalezca; de guiarlo, y prepararlo para la obra del ministerio.

a. En Ezequiel 34:2-10, ¿qué pasa con las ovejas cuando falta un pastor, según los vv.5-6?

_____

b. ¿Qué instrucción da la Palabra de Dios en Hebreos 13:17?

_____

E. EL MAESTRO

El maestro tiene la capacidad de exponer las Escrituras en forma tal que produzca resultados espirituales en la vida de los oyentes. No es una mera capacidad para impartir información intelectual, sino que implica revelación del Espíritu para descubrir las riquezas de la Palabra de Dios.

El ministerio de maestro por lo general está ligado al de pastor. Muchos intérpretes consideran que en Efesios 4:11 se debe leer "pastores-maestros" como un solo ministerio, pero la experiencia muestra que pueden haber pastores-maestros, evangelistas-maestros y profetas-maestros, así como maestros que no son pastores.

a. ¿En qué destacaba Apolos según Hechos 18:24-26?

_____

b. ¿Con qué compara Pablo el ministerio de enseñanza en 1 Corintios 3:6-8?

_____

2. OTROS MINISTERIOS

Anota los ministerios que se mencionan en 1 Corintios 12:28, fuera de los que ya hemos visto hasta aquí

_____

A. LOS QUE HACEN MILAGROS, LOS QUE SANAN

Los apóstoles, profetas, evangelistas, pastores y maestros no son los únicos que pueden poseer dones sobrenaturales. Otros creyentes también pueden tener los dones de 1 Corintios 12: palabra de sabiduría, de ciencia, fe, profecía, discernimiento de espíritus, lenguas e interpretación de lenguas. El uso regular de estos dones resulta en ministerios complementarios de mucha ayuda a la iglesia. Lo importante es que estén sujetos a la autoridad del Pastor de la iglesia.

B. LOS QUE AYUDAN

El original griego dice "las ayudas", un término muy amplio que puede referirse a cualquier ministerio de apoyo al ministerio de la iglesia. El error de no reconocer este ministerio de ayuda ha privado a muchos creyentes del gozo de servir al Señor, y ha debilitado el ministerio de la iglesia.

Si alguien es llamado para un ministerio de ayuda y pretende ser pastor, evangelista o maestro, con toda seguridad fracasará y sufrirá una gran decepción. Veamos algunos de estos ministerios de ayuda

a. Los diáconos (Romanos 12:7). Originalmente eran los que servían a las mesas en el reparto a las viudas y necesitados. Permiten que los pastores se dediquen con libertad a la tarea espiritual.

b. Los que enseñan (Romanos 12:7). No se refiere al don del ministerio, que guía a la iglesia en las doctrinas fundamentales, sino al ministerio de los maestros de niños, jóvenes y adultos; escuelas dominicales, institutos bíblicos, células, etc.

c. Los que exhortan (Romanos 12:8). Es la capacidad sobrenatural de exhortar para corrección con amor y firmeza, y que resulta para bendición.

d. El ministerio de la música. Un ministerio muy importante ya en el Antiguo Testamento, donde había levitas separados y ungidos de manera especial para tocar instrumentos, para cantar y para guiar el canto de la congregación.

e. Ujieres, consejeros, secretarias, administradores, encargados de los arreglos físicos, mantenimiento y limpieza de los edificios de la iglesia; producción de literatura o materiales audiovisuales, etc.

Memoriza los siguientes versículos

"Mas ahora Dios ha colocado los miembros cada uno de ellos en el cuerpo, como él quiso."

1 Corintios 12:18

"Cada uno según el don que ha recibido, minístrelo a los otros, como buenos administradores de la multiforme gracia de Dios."

1 Pedro 4:10

Notas y comentarios

_____

_____

_____

_____

_____

Lección 8

EL AMOR ÁGAPE

El apóstol Pablo trata sobre los dones del Espíritu Santo en los capítulos 12 y 14 de su primera carta a los corintios, pero en el capítulo 13 muestra que, aunque importantes y muchas veces impresionantes, no valen gran cosa si no van acompañados por una actitud correcta, que es fruto del mismo Espíritu Santo.

Lee 1 Corintios 12:28-13:3.

a. ¿Cuál es el camino más excelente?

---

b. ¿Contrapone Pablo el amor a los dones?

---

c. ¿Cuál debe ser la relación entre ellos?

El amor, y específicamente el amor de Dios, es el tema fundamental en las Escrituras. Veamos, pues, algunas enseñanzas importantes sobre él.

1. LAS TRES CLASES DE AMOR

En nuestro idioma se ha dado a la palabra amor un uso muy amplio, que no corresponde con el concepto de amor revelado en la Palabra de Dios. Por esto es muy importante precisar a qué clase de amor se refieren las Escrituras, para entender bien lo que Jesús dijo en Mateo 22:37-39: "AMARÁS al Señor tu Dios con todo tu corazón, y con toda tu alma, y con toda tu mente . . . AMARÁS a tu prójimo como a ti mismo."

En el idioma griego, muy rico en conceptos, encontramos tres palabras que se traducen por amor

    a. *EROS:* Es el amor de los sentidos; el amor sensual. Es esencialmente egoísta porque sólo busca la satisfacción propia. Es un concepto ausente en las Escrituras.

    b. *FILIA:* Es el amor de los afectos o sentimientos humanos; el de padres e hijos, hermanos, amigos, etc. Es esencialmente comercial. Se ama porque se recibe algo de la persona amada, porque uno se siente bien con ella.

    c. *ÁGAPE:* Es el amor de Dios. Es el deseo profundo, consciente y voluntario del bien para la persona amada. Es totalmente desinteresado. No depende tanto de los sentimientos como de la voluntad. Tampoco depende de los méritos de la persona amada.

Las Escrituras usan los conceptos de *filía* y *ágape* para referirse al amor de Dios por el hombre; pero invariablemente usa *ágape* para referirse al amor que el hombre debe tener hacia Dios.

El amor eros y filía son propios del hombre. El amor ágape es espontáneo en Dios, pero no en el hombre por su naturaleza pecaminosa y esencialmente egoísta. Por esto, el amor ágape sólo se puede dar en el hombre nacido de nuevo por la obra regeneradora del Espíritu Santo.

2. EL AMOR ÁGAPE EN 1 CORINTIOS 13

La mejor descripción del amor ágape la encontramos en 1 Corintios 13, llamado con justa razón el "Himno al Amor". Lee y analiza este capítulo, orando que el Espíritu Santo te revele en qué aspectos tu amor ágape debe ser completado o perfeccionado.

Medita de manera especial en los versículos 4 al 7: "El amor es sufrido, es benigno; el amor no tiene envidia, el amor no es jactancioso, no se envanece; no hace nada indebido, no busca lo suyo, no se irrita, no guarda rencor; no se goza de la injusticia, mas se goza de la verdad. Todo lo sufre, todo lo cree, todo lo espera, todo lo soporta".

El mejor ejemplo del amor ágape lo encontramos en Dios mismo. Piensa de qué manera se muestra ese amor ágape de Dios en cada uno de los siguientes textos, aplica esta enseñanza a tu propia vida y da gracias a Dios por todo esto:

a. Efesios 1:4-5

_____

b. Efesios 2:4-5

_____

c. Romanos 8:35-39

_____

d. Hebreos 12:5-7

_____

Vemos, pues, que el amor de Dios se revela desde nuestra creación, al hacernos a imagen y semejanza suya, con el propósito de que llegáramos a tener una relación filial con Él. Luego, a pesar de nuestra rebeldía y pecado, su amor se vuelve a manifestar en nuestra redención, dando a su propio Hijo para morir en nuestro lugar. Y ya redimidos, su amor se manifiesta en su cuidado de nosotros; su paciencia; el darnos victoria sobre la carne, el mundo y el diablo; y por medio de la disciplina que a veces tiene que aplicarnos para nuestro bien. ¡Gloria a Dios por tanto amor!

EL AMOR *ÁGAPE*, MANDAMIENTO DE DIOS

El mandamiento de amar no es un capricho de Dios. "Dios es amor" dice la Escritura, y si somos hijos de Dios, debemos tener el mismo carácter de Dios, y por lo tanto debemos amar con el mismo amor con que El nos ama.

Veamos la enseñanza bíblica con relación al AMOR *ÁGAPE*.

Lee Mateo 22:37-39, y responde a las siguientes preguntas

a. ¿Cómo debemos amar a Dios?

_____

_____

b. ¿Por qué es éste el más grande mandamiento?

_____

_____

c. ¿Cómo debemos amar a nuestro prójimo?

_____

_____

Recordando la definición del AMOR *ÁGAPE*, ¿puedes entender el mandato de Jesús en Mateo 5:43-44? Escribe tu respuesta

4. LA EXPRESIÓN DEL AMOR *ÁGAPE*

El genuino AMOR ÁGAPE necesita expresarse de varias maneras, y no sólo por decir que amamos. Fíjate y anota algunas de las maneras en que Dios espera que expresemos o demostremos nuestro amor

a. Salmo 97:10

_____

b. Juan 14:23-24

_____

c. Juan 21:15-17

_____

d. Efesios 4:2

_____

e. Hebreos 6:10

_____

f. Santiago 2:14-16

_____

g. 1 Juan 4:19-21

_____

Pero también expresamos nuestro amor a Dios por medio de nuestros labios en oraciones y cánticos de alabanza, así como por medio de la adoración, que es la expresión más profunda de nuestro culto a Dios, y que conlleva también nuestro amor por El.

5. EL SECRETO DEL AMOR *ÁGAPE*

Ya vimos en esta misma lección que el amor sensual (*eros*), y el amor de los sentimientos (*filía*), son naturales en el hombre, pero que el amor desinteresado (*ágape*) es de Dios, y que el hombre natural no puede tener por sí mismo.

Es sólo por el nuevo nacimiento, por la fe puesta en Jesucristo y en su obra en la cruz, que el hombre es capacitado por Dios para tener esta clase de amor, con el que puede amar a Dios, a sus hermanos en la fe, a su prójimo y hasta sus enemigos.

Lee cada texto y responde a la pregunta correspondiente

a. Ezequiel 36:26. ¿Qué hace Dios en nosotros que nos capacita para amar?

_____

b. Romanos 5:5: ¿Cómo nos da Dios de su amor para poder amar?

_____

c. Gálatas 5:22. ¿Parte de qué es el amor?

_____

d. 2 Timoteo 1:7: ¿Cómo es que tenemos poder para amar?

_____

A la luz de estos textos, vemos que el nuevo nacimiento es la primera condición para poder amar con el AMOR ÁGAPE. Pero luego es la presencia y obra del Espíritu Santo en nosotros el factor más importante para que podamos vivir amando Dios, a los que nos aman, y a los que no nos aman, con ese amor descrito en 1 Corintios 13.

Esta es una razón más para vivir en una constantemente renovada plenitud del Espíritu Santo. Mientras más llenos del Espíritu, ¡más AMOR ÁGAPE tendremos!

6. EL AMOR *ÁGAPE*, LA CREDENCIAL CRISTIANA

Lee los siguientes pasajes, y anota de qué manera el amor es una credencial cristiana

a. Juan 17:20-23

_____

b. 1 Juan 3:14

_____

Son importantes una fe dinámica, una sana doctrina, una buena organización, una buena estrategia evangelística, un servicio activo para el Señor, los dones del Espíritu Santo, etc. Pero todo esto es de poco valor a los ojos de Dios si no hay un genuino AMOR. Amor a Dios y amor a los hermanos. No un amor de declaraciones líricas solamente, sino demostrado y expresado en forma práctica.

¡El AMOR *ÁGAPE* es la verdadera credencial cristiana, lo que atestigua que somos verdaderos discípulos de Cristo!

Lee una vez más 1 Corintios 13. Ora pidiendo al Señor que te llene de su Espíritu de amor, y dale gracias.

Memoriza los siguientes versículos

"Un mandamiento nuevo os doy: Que os améis unos a otros; como yo os he amado, que también os améis unos a otros. En esto conocerán todos que sois mis discípulos, si tuviereis amor los unos con los otros."

Juan 13:34-35

"Nosotros sabemos que hemos pasado de muerte a vida, en que amamos a los hermanos. El que no ama a su hermano, permanece en muerte."

1 Juan 3:14

Notas y comentarios

_____

_____

_____

_____

_____

Lección 9

PERDONANDO SETENTA VECES SIETE

1. LA IMPORTANCIA DEL PERDÓN

Habiendo visto la importancia del amor en la lección anterior, vamos a considerar uno de los frutos que ese amor produce: el PERDÓN.

a. Gálatas 5:19-20. ¿Cuáles de las obras de la carne mencionadas aquí tienen que ver con el perdón?

_____

Podemos añadir resentimientos, rencor, amarguras, odios, etc., sentimientos y pasiones demasiado comunes y que hacen tanto daño, como para pasarlos por alto. Dañan las relaciones entre las personas y también la vida espiritual de los creyentes.

Notemos que la Palabra de Dios las califica como obras de la carne, otra forma de decir que son pecados, porque son contrarios al carácter santo, amoroso y benigno de Dios. Pero la gravedad de esta familia de pecados es mayor si consideramos su naturaleza esencial. Veamos

b. 1 Juan 3:15. Alguien que aborrece (o tiene resentimiento, rencor, odio, etc.) ¿qué viene a ser según la Palabra de Dios?

_____

c. Juan 8:44. ¿Quién indujo el primer homicidio en el mundo y es llamado el "homicida desde el principio"?

El resentimiento, rencor, odio o ira, son diferentes grados o niveles de sentimientos que, llevados a su expresión máxima o a sus últimas consecuencias, terminan en el homicidio.

Vemos, pues, que cuando tenemos estos sentimientos o pasiones, nos introducimos en territorio de Satanás, y abrimos puertas a su influencia sobre nuestra vida. Por eso dice la Palabra de Dios en Efesios 4:26: "Airaos, pero no pequéis; no se ponga el sol sobre vuestro enojo, ni deis lugar al diablo".

2. LA NATURALEZA DEL PERDÓN

Dice el diccionario: "Perdón es la remisión de una injuria, deuda, agravio, etc."

En realidad, cualquiera de los sentimientos que estamos consideran-do, es el deseo insatisfecho o compulsión a cobrar lo que consideramos una deuda para con nosotros por algún daño que nos han causado, o que creemos que nos han causado. Este deseo insatisfecho o compulsión sólo produce amargura y sufrimiento a nuestro espíritu.

Al perdonar "remitimos", es decir, enviamos la cuenta de la deuda a Dios. Renunciamos a cobrar esa deuda y se la remitimos a Dios, el Juez justo que conoce todas las cosas, las circunstancias y las intenciones del corazón mejor que nosotros, y quien es el único que tiene derecho a cobrar:

Romanos 12:19: "No os venguéis vosotros mismos, amados míos, sino dejad lugar a la ira de Dios; porque escrito está: Mía es la venganza, yo pagaré, dice el Señor."

Al hacerlo así, quedamos en paz con la persona que nos ofendió; con nosotros mismos y con Dios. ¡Gloria a Dios!

3. LA LEY DEL PERDÓN

La Palabra de Dios nos muestra una ley muy clara sobre el perdón, pero que lamentablemente olvidamos con mucha frecuencia: la ley de reciprocidad. Analiza los siguientes textos y anota las respuestas

a. Mateo 6:12. ¿En qué se basa nuestro derecho a pedir perdón a Dios?

_____

b. Mateo 6:14-15. ¿Cómo se muestra la ley de reciprocidad en este pasaje?

_____

c. Efesios 4:32. ¿De qué manera debemos perdonar?

_____

Recuerda que pues, que como hijo de Dios, aunque tienes la bendita promesa de 1 Juan 1:9: "Si confesamos nuestros pecados, él es fiel y justo para perdonar nuestros pecados", también debes considerar que dicho perdón no será eficaz si tú, a tu vez, no perdonas las ofensas de otros contra ti.

4. PERDONANDO SETENTA VECES SIETE

Lee Mateo 18:21-35.

a. ¿Cuántas veces debes perdonar?

_____

b. Si en el simbolismo bíblico el siete es el número de la perfección o de lo completo, ¿qué crees que significa el mandamiento de perdonar setenta veces siete?

_____

c. ¿Por quién has sido perdonado tú?

_____

d. ¿Cuán grande era la deuda que te fue perdonada?

_____

¿Te das cuenta de que Dios nos tiene que perdonar cada día, porque cada día le fallamos de alguna manera? Esa es la razón por la cual El nos manda que perdonemos 70 veces 7. Y como el perdón de Dios ha sido tan grande, porque grande era nuestro pecado, así también debemos perdonar sin importar lo grande que haya sido la ofensa contra nosotros.

Lee ahora Hebreos 10:17.

e. ¿Cómo nos perdonó Dios?

_____

f. Entonces, ¿cómo debe ser nuestro perdón?

_____

Dios tiene la capacidad para olvidar completamente nuestros pecados, por ser Dios. Pero El nos ha creado de tal manera que no podemos, voluntariamente, olvidar las vivencias o experiencias que hemos tenido. Pero cuando en realidad perdonamos, el recuerdo de las ofensas ya no nos causará dolor o ira. Esta es la naturaleza del olvido para nosotros, y la prueba de que el perdón ha sido verdadero.

5. PERDONANDO OFENSAS DEL PASADO

Es muy raro encontrar personas que no hayan tenido resentimientos o rencores desde su niñez. Puede ser tu caso con tus mismos padres, quienes quizá dieron preferencia a algún otro hijo; o con algún hermano que quizá te superaba en todo y te menospreciaba; con el maestro de escuela que te humilló delante de todos; con el esposo que te abandonó; o quizá tu padre o tu madre te abandonó cuando eras un adolescente; o un hombre te violó cuando niña; o un jefe te despidió injustamente, etc.

El tiempo ha pasado y sigues sintiendo el resentimiento o el rencor. Posiblemente has cortado toda relación con esa o esas personas hasta ahora, o no puedes verlas sin sentir incomodidad, dolor o hasta ira.

Quizá antes nunca pudiste perdonar, pero ahora ya eres un hijo o una hija de Dios. Recuerda lo que dice la Palabra de Dios: "El amor de Dios ha sido derramado en tu corazón por su Espíritu Santo", y "Dios no te ha dado espíritu de cobardía, sino de poder, amor y dominio propio".

Dios te ha perdonado todos tus pecados. Ya eres libre de toda condenación, pero también de toda culpa: no permitas que un resentimiento o rencor te ate, e impida que esa libertad fluya en gozo y alabanza a Dios y en amor para con todos.

Renuncia en oración a cobrar toda ofensa. Remítela a Dios. Pide perdón a Dios por el resentimiento que has tenido y, si es posible y necesario, ve donde esa persona; dile que ya la has perdonado y pídele perdón por haber estado resentida con ella. Hazlo sin importarte cuál sea su reacción. Tú cumple con tu deber. Lo que haga la otra persona es su responsabilidad delante de Dios y no tuya. Dice Ro 12:18: "Si es posible, en cuanto dependa de vosotros . . . estad en paz con todos los hombres".

6. PERDONANDO OFENSAS DEL PRESENTE

¿Qué enseña la Palabra de Dios en cuanto a tu relación con otros, y en especial con tus hermanos en Cristo?

A. Colosenses 3:12: Debemos "vestirnos" de ciertas virtudes

a. De misericordia, para perdonar y hacer bien a todos, aunque no lo merezcan.

b. De benignidad, para tratar amablemente a todos, aunque ellos no lo sean con nosotros.

c. De humildad, para no considerarnos superiores a aquellos que nos fallan, porque también somos pecadores.

d. De mansedumbre, para aceptar las ofensas de los hombres como parte del plan de Dios con nosotros, y por lo tanto sin discutirlo.

e. De paciencia, para soportar las pruebas con serenidad y esperanza, sabiendo que sirven para forjar nuestro carácter a la semejanza de Cristo.

B. Colosenses 3:13: Hay dos cosas que debemos hacer:

a. Soportarnos unos a otros, reconociendo que todos somos pecadores, que todos tenemos defectos, y que todos estamos en el proceso de perfeccionamiento.

b. Perdonarnos unos a otros, de la manera que Cristo nos perdonó y nos sigue perdonando con paciencia cada día nuestros pecados, fallas y negligencia.

C. Colosenses 3:14: Sobre todo:

Debemos "vestirnos" de amor, ese AMOR *ÁGAPE* que estudiamos en la lección anterior, el amor de Dios que nos permite amar hasta nuestros enemigos. El amor de Dios es el "vínculo perfecto" de la unidad cristiana, que no puede ser roto por nada. "El odio despierta rencillas; pero el amor cubrirá todas las faltas", dice Proverbios 10:12.

7. EL FRUTO DEL PERDÓN

¡PAZ, GOZO, LIBERTAD . . . Y MÁS AMOR A DIOS!

Memoriza los siguientes versículos

"Airaos, pero no pequéis; no se ponga el sol sobre vuestro enojo."

Efesios 4:26

"Antes sed benignos unos con otros, misericordiosos, perdonándoos unos a otros, como Dios también os perdonó a vosotros en Cristo".

Efesios 4:32

Notas y comentarios

_____

_____

_____

_____

_____

Lección 10

ENFRENTANDO LAS PRUEBAS

Llegamos a la última lección de esta serie "Avanzando en el Discipulado". Como hijo de Dios, has podido conocer algunas de las enseñanzas fundamentales de su Palabra en cuanto a tu propia experiencia espiritual. Ya sabes cómo testificar de Cristo, y has aprendido algo de la vida de la iglesia, de los dones del Espíritu y de los ministerios que el Señor Jesucristo ha dado a su iglesia para la edificación de todos los creyentes.

Durante el tiempo transcurrido como creyente, quizá has tenido algunas pruebas difíciles, y te has preguntado por qué te han sucedido esas cosas.

Quizá familiares muy queridos te han rechazado por tu nueva fe; quizá algunos amigos se han alejado de ti; o se te han presentado dificultades en tu trabajo; o te han venido problemas de salud; o has tenido algún accidente; o te han robado.

Quizá te has hecho la pregunta: "¿Por qué me sucede esto ahora que me he acercado a Dios y he empezado una nueva vida con Cristo?" "¿Por qué permite esto mi Padre celestial, quien supongo que me ama?" "¿Habré hecho mal al recibir a Cristo como mi Salvador y Señor?"

Aunque no hay respuestas fáciles al problema del sufrimiento en la vida, la Palabra de Dios sí nos da suficiente luz como para entenderlo y tener victoria sobre él y sobre las pruebas que podamos tener como creyentes.

Si ésta no es tu experiencia personal, el conocer la enseñanza bíblica sobre el tema te capacitará para ayudar a otros que sí están pasando por pruebas en sus vidas, y podrás ser un instrumento de bendición con la ayuda del Espíritu Santo, el Consolador divino.

1. ¿POR QUÉ HAY SUFRIMIENTO EN EL MUNDO?

Uno de los aspectos más comunes para cuestionar el concepto de un Dios santo y perfecto es el de la existencia del dolor y el sufrimiento en el mundo. "Si Dios existe, ¿por qué permite que la gente sufra?" "¿Por qué permite la injusticia, la maldad, el hambre, la pobreza, la enfermedad y la muerte?" Son preguntas que se hacen con frecuencia.

Vamos, pues, a la revelación de la Palabra de Dios. Aunque no es su propósito dar explicaciones sobre la existencia del sufrimiento, sí da suficiente luz como para satisfacer la mente inquisitiva y sincera.

A. El propósito de la creación

Anota el propósito de Dios al crear al hombre, según los siguientes textos:

a. Génesis 1:26-27

_____

b. Isaías 43:7

_____

c. Romanos 11:36

_____

e. Efesios 1:9-10

_____

Está claro que Dios nos creó para sí, y para mostrar en nosotros su gloria. Esta gloria de Dios incluye su amor perfecto e infinito que se debía mostrar en una relación de amor con su criatura. Dios es amor, dice la Escritura, y el hombre es el único ser creado a su imagen y semejanza, con el evidente propósito de tener una relación de amor con su Creador.

Pero el amor, para que sea amor, debe ser espontáneo y no obligado. Por esto Dios tenía que dar al hombre libre albedrío; es decir, la capacidad da amar y obedecer libremente y no actuar simplemente como un robot mecánico. Esta capacidad, por consecuencia, implicaba también la capacidad de no amar y de desobedecer.

B. El pecado: puerta de entrada del sufrimiento humano

Aunque Dios le dio libre albedrío al hombre, también le instruyó sobre su uso. Dios lo había creado a su propia imagen y semejanza, con intelecto, sentimientos y voluntad, pero en armonía con su santidad y con su ley moral. Y Dios le advirtió sobre las consecuencias que sufriría si usaba mal su libertad y caía de su relación de amor con un Dios santo.

Cuando Adán y Eva comen del fruto prohibido, lo hacen como resultado de un proceso: hacen caso a las insinuaciones de Satanás; dudan de la sinceridad de Dios; y ambicionan ser como Dios (Génesis 3:1-6).

¿Cuáles fueron las consecuencias del pecado de Adán?

a. Génesis 2:16-17

_____

b. Romanos 5:12

_____

Desde ese momento el pecado y la muerte como factores destructores de la vida humana, con todas sus variantes: egoísmo, violencia, injusticia, enfermedad, guerras, hambre, delincuencia, etc., etc., han traído dolor y sufrimiento a la vida humana.

Y mientras el hombre siga infringiendo las leyes de Dios, dándole las espaldas y viviendo en rebeldía contra su misma razón de ser: la gloria de Dios, seguirá sufriendo las consecuencias de su pecado y seguirá experimentando dolor y sufrimiento de diversos tipos.

C. El sufrimiento: prueba del amor de Dios

Esto suena ilógico a primera vista. Pero así como el dolor físico es una muestra de la providencia de Dios como factor de supervivencia, al advertirnos de los peligros para nuestra salud física, así también el sufrimiento moral es un factor de supervivencia espiritual, porque nos advierte de la realidad del pecado.

El sufrimiento ha sido el factor que ha llevado a muchos a buscar a Dios, y han experimentado la bendición más grande que un ser humano puede recibir: la salvación de su alma y la vida eterna.

El sufrimiento es un mensaje silencioso de la realidad del gozo y la felicidad con Dios; y recordatorio constante de la situación de pecado del hombre y de su necesidad de salvación.

2. LAS PRUEBAS EN LA VIDA DEL CREYENTE

Cuando recibimos a Cristo como Salvador y Señor, "somos justificados en su sangre . . . reconciliados con Dios por la muerte de su Hijo . . . salvos por su vida" (Romanos 5:9-10); también somos "librados de la potestad de las tinieblas, y trasladados al reino de su amado Hijo" (Colosenses 1:13).

Pero seguimos viviendo como parte de esta humanidad que, en su conjunto, sigue sufriendo las consecuencias del pecado. No es de extrañar que como creyentes tengamos que experimentar dolor y sufrimiento.

No obstante, hay una gran diferencia entre el sufrimiento en el mundo, sin propósito ni esperanza, con el que experimenta el hijo de Dios, quien tiene una perspectiva mucho más amplia, y conoce que esta vida terrena es sólo un pequeño tramo que lleva a una vida eterna de gozo con Dios. Por eso las Escrituras hablan de las "pruebas" del creyente.

La Biblia nos muestra la realidad de las pruebas en la vida de los grandes hombres de Dios

    a. Job (Job 1-2)

    b. David (Salmo 32:3-4)

    c. Juan el Bautista (Mateo 14:3-5)

    d. Pablo (2 Corintios 1:5-6; 11:23-29)

    e. Los héroes de la fe (Hebreos 11:35-38)

    f. Los santos de la tribulación (Apocalipsis 7:13-14)

Pero también están las pruebas causadas por los errores e imprudencias de los mismos creyentes, por los cuales no podemos culpar a nadie. ¿Puedes pensar en algunos de estos errores o imprudencias que luego causan sufrimientos?

_____

_____

_____

_____

3. LA VICTORIA SOBRE LAS PRUEBAS

Llegada la prueba, nada puede mitigar el dolor o el sufrimiento. Ellos son reales y no los podemos ignorar ni aparentar que no los sentimos. Pero sí podemos tener victoria sobre ellos cuando los consideramos desde la perspectiva correcta, que es la perspectiva de Dios.

A. Las pruebas en la perspectiva de Dios

De acuerdo con la revelación de la Palabra de Dios, sus planes eternos permanecen vigentes. Aunque el pecado fue introducido en la creación y con él el dolor y la muerte, Dios envió a su propio Hijo para salvar al hombre de las consecuencias de su pecado, y en la cruz derrotó a Satanás y triunfó sobre el pecado y la muerte.

De esta manera el dolor, el sufrimiento y la muerte son sólo incidentes temporales a la luz de la gloriosa salvación y la perspectiva del goce de la gloria de Dios por toda la eternidad.

Otra verdad bíblica es que Dios no permitirá que un creyente sufra como un fin en sí mismo, sino que siempre tendrá un resultado de bendición. ¿Qué resultado habrá de las aflicciones, según los siguientes textos?

a. Romanos 8:28

_____

a. 1 Pedro 1:6-7

_____

c. Hebreos 12:11

_____

B. El sufrimiento de Dios en nuestras pruebas

a. Zacarías 2:8. ¿Qué significa este texto para nosotros como creyentes?

_____

b. Juan 11:32-35. ¿Es Jesús insensible al dolor humano? ¿Cómo reacciona ante él?

_____

c. Colosenses 1:24.¿Por qué sufre aflicciones Cristo todavía?

_____

Jesús, el creyente más bueno y santo que ha pisado la tierra, no rehuyó el sufrimiento por amor a nosotros. Y él nos acompaña en nuestras pruebas y aflicciones porque nos sigue amando.

La cruz nos muestra a un Dios sufriente. La resurrección nos muestra a un Dios victorioso sobre el sufrimiento y la muerte. Por esto cuando clamamos a El en medio de nuestras pruebas, sabemos que El nos entiende y se identifica con nuestro sufrimiento (Hebreos 12:1-4).

C. La fe, nuestro escudo ante las pruebas

Ef.6:16 dice que la fe es nuestro escudo contra los dardos de fuego del maligno. Si comenzamos a lamentarnos y quejarnos contra Dios cuando vienen las pruebas, es porque hemos bajado el escudo de la fe.

Es por fe que seguimos creyendo que "Dios es amor" (1 Juan 4:8); que nos "predestinó para ser adoptados hijos suyos por medio de Jesucristo, según el puro afecto de su voluntad" (Efesios 1:5); que "sus caminos son más altos que nuestros caminos, y sus pensamientos más altos que los nuestros" (Isaías 55:9); que "a los que aman a Dios, todas las cosas ayudan a bien" (Romanos 8:28); y que en todas las circunstancias "nos guiará su mano y nos asirá su diestra" (Salmo 139:1-10).

Alguien ha dicho que esa fe: "certeza de lo que se espera; convicción de lo que no se ve" (Hebreos 11:1), es como nuestra piel. Con ella podemos meter la mano en un recipiente con vinagre y no nos haría daño; el hacerlo sin esa piel sería dolorosísimo. Es como nuestro esqueleto, que con él podemos soportar pesos muy grandes; pero sin él el peso más pequeño nos aplastaría.

Nuestra fe nos dice que Dios sufre con nosotros. Guillermo Hunter escribe (Apuntes Pastorales, Vol.VI, #4):

"Dónde está Dios cuando duele? La respuesta a esta pregunta es cierta: El está en la cruz, tomando el dolor de Cristo, y el terror de todos los sufrientes del universo."

"En Cristo, Dios sufrió solo, total y completamente solo, para que tú y yo nunca tengamos que sufrir solos: 'No te desampararé, ni te dejaré' (Hebreos 13:5) . . . Su interés por nosotros no se mide por cuánto debe ser reducido nuestro dolor 'si en realidad le interesa'. Su simpatía es mejor evaluada a la luz de cuánta agonía él sufre a nuestro favor."

"En Jesús, Dios nos ha dado las bases para una esperanza realista . . . aun cuando duele. Esto es lo que hizo posible a Pablo decir: 'Nos gloriamos en la esperanza de la gloria de Dios. Y no sólo esto, sino que también nos gloriamos en las tribulaciones' (Romanos 5:2)"

Sobre todo esto hay una hermosa promesa en Apocalipsis 21:3-5. Lee estos versículos, medita en ellos, y regocíjate en el Señor, aun en medio de tus pruebas. Esa será una de las armas más poderosas para la victoria en medio de tus circunstancias.

Memoriza los siguientes versículos

"Y sabemos que a los que aman a Dios, todas las cosas les ayudan a bien, esto es, a los que conforme a su propósito son llamados."

Romanos 8:28

"Pues en cuanto él mismo padeció siendo tentado, es poderoso para socorrer a los que son tentados."

Hebreos 2:18

Notas y comentarios

_____

_____

_____

_____

_____

_____

_____

DISCIPULADO

Hacia una santidad práctica

HUMBERTO LAY

Índice

INTRODUCCIÓN

Bienvenido . . . Bienvenida . . . a otras diez semanas emocionantes con la Palabra de Dios! Esta vez para tratar temas relacionados con un aspecto muy importante de la vida cristiana: LA SANTIDAD PRÁCTICA.

¿No es verdad que cuando escuchabas la palabra "santidad", venían a tu mente conceptos muy arraigados desde tu niñez? ¿Pensabas en rostros tristes, quietos, como inmovilizados en el tiempo y el espacio y con aureolas sobre la cabeza? ¿Pensabas en imágenes y templos oscuros, y especialmente en esos terribles Diez Mandamientos con sus "noes" a todo, y que te amenazaban constantemente con enviarte al infierno?

Permíteme preguntarte: ¿Cómo reaccionas ahora ante la misma palabra "santidad"? ¿No es verdad que tiene un nuevo sentido para ti? ¿Se han producido cambios en tus inclinaciones, deseos y valores? ¿Hay un anhelo profundo por una vida de santidad, y un rechazo al pecado? ¿Experimentas una hermosa libertad en tu nueva vida, libre del pecado, en lugar de sentirte coactado, o con la sensación de vivir apretado por un chaleco de fuerza?

¡Gloria a Dios! ¡Es la obra regeneradora del Espíritu Santo en ti, que te ha hecho una nueva criatura! (2 Corintios 5:17), y te está renovando a la imagen del Señor Jesucristo (Romanos 8:29), como parte de la obra de salvación hecha por Él.

Dios nos ha dado de su misma naturaleza; y como hijos suyos, anhelamos ser como nuestro Padre. Esa es también la voluntad de Dios para nosotros. El apóstol Pedro escribe: "Como aquel que os llamó es santo, sed también vosotros santos en toda vuestra manera de vivir; porque escrito está: Sed santos, porque yo soy santo."

Pablo añade: "Y el mismo Dios de paz os santifique por completo; y todo vuestro ser, espíritu, alma y cuerpo, sea guardado irreprensible para la venida de nuestro Señor Jesucristo" (1 Tesalonicenses 5:23).

Pero la santidad no debe ser solamente una doctrina o un ideal, sino una realidad práctica en nuestra vida. Este libro te guiará en el descubrimiento de algunos principios en la Palabra de Dios, por medio de los cuales podrás vivir una SANTIDAD PRÁCTICA, mientras sigues avanzando como discípulo de Jesús.

El NUEVO NACIMIENTO fue una experiencia instantánea en tu vida, al arrepentirte de tu vida de pecado y recibir a Jesucristo como tu Salvador y Señor. Pero la santificación es un proceso que te acompañará durante toda tu vida terrenal, hasta que se complete en el día en que el Señor venga por su Iglesia. ¡ALELUYA!

Vas a descubrir que el vivir esta SANTIDAD PRÁCTICA es otra aventura emocionante; con muchas luchas, es verdad, pero que cada vez dará más gozo a tu corazón, y una comunión cada vez más preciosa con Dios. Ahora ¡a estudiar, orar, meditar, y crecer en santidad!

Cómo estudiar este libro

Es recomendable estudiarlo en grupos de 8 a 12 personas como máximo.

El alumno debe estudiar la lección personalmente durante la semana, pidiendo en oración que el Espíritu Santo le ayude a comprender las verdades de la Palabra de Dios; leyendo y meditando los textos indicados y respondiendo las preguntas que se le hacen, y orando finalmente para que esa Palabra se haga parte de su ser y moldee su vida.

Una vez por semana se reunirán con un maestro o tutor, quien dirigirá la discusión de la lección, permitiendo en lo posible la intervención de todos los alumnos; aclarando conceptos y guiando a conclusiones prácticas para la vida.

En cada sesión se puede dar testimonio de situaciones concretas en las que lo estudiado fue de bendición para cada uno de ellos, a fin de enriquecer la enseñanza con experiencias de la vida diaria.

Obedece a Dios cada momento. "El que tiene mis mandamientos, y los guarda, ése es el que me ama; y el que me ama, será amado por mi Padre, y yo le amaré, y me manifestaré a él" (Juan 14:21).

Habla a otros de lo que Cristo ha hecho y hace por ti. Comparte con otros del maravilloso amor de Dios, que también es para ellos.

Lección 1

LA TRINIDAD DEL HOMBRE

Al iniciar esta nueva etapa en el discipulado, en la cual el tema central será la SANTIDAD PRÁCTICA en tu vida cristiana, es muy importante que conozcas algo en cuanto a la naturaleza humana, y específicamente en lo que se refiere a nuestra naturaleza triple.

Este es un concepto generalmente ignorado en el mundo, y por eso no se logran solucionar los problemas más álgidos de la humanidad. La psicología y la psiquiatría intentan dar alivio a los problemas del alma, pero fracasan porque no entienden que la raíz de todos los problemas psicológicos es espiritual.

Igualmente la medicina busca alivio a los problemas del cuerpo, y aunque ha obtenido resultados importantes en ese sentido, sin embargo no puede llegar a dar salud plena al hombre porque también ignora la raíz última de todos los males físicos, que es una raíz espiritual: el pecado.

Y también la sociología fracasa en su intento por corregir la conducta de la humanidad, porque a su vez ignora la raíz espiritual de los problemas de conducta social del ser humano.

Solamente Cristo puede solucionar los desarreglos del hombre en su vida, cuando éste le permite solucionar su desarreglo fundamental, que es la relación con Dios rota por el pecado. Sólo entonces, la VIDA

ABUNDANTE de Dios puede fluir sobre él y llenar su vida. Al solucionarse el problema del espíritu, se solucionan los del alma y aún los del cuerpo.

Pero esa misma naturaleza triple es la razón por la cual muchas veces experimentamos altibajos en nuestra vida espiritual, o no alcanzamos la plenitud de vida prometida por el Señor en su Palabra. La comprensión de cómo actúan y se relacionan nuestro espíritu, alma y cuerpo, nos permitirá disfrutar de una vida espiritual plena, y cumplir el anhelo de cada hijo de Dios: vivir una SANTIDAD PRÁCTICA.

A. LA NATURALEZA TRIPARTITA DEL HOMBRE

La enseñanza bíblica se refiere al ser humano como compuesto por tres partes, o que posee tres naturalezas diferentes: espíritu, alma y cuerpo.

En Génesis 2:7 leemos que Dios hizo al hombre del polvo de la tierra (su naturaleza material), y sopló sobre él "aliento de vida", y desde ese momento fue un "alma viviente", su naturaleza inmaterial.

Lee 1 Tesalonicenses 5:23. ¿De qué está compuesto "todo nuestro ser"?

En Hebreos 4:12, ¿sobre qué partes de nuestro ser actúa la Palabra de Dios?

Aunque algunos teólogos plantean que el alma y el espíritu son sólo dos funciones diferentes de una sola naturaleza inmaterial aparte de su naturaleza física o material la Biblia y la experiencia cristiana parecen confirmar la naturaleza triple o tripartita del ser humano.

A su vez, esta interpretación de la naturaleza humana nos permite entender muchos de los mecanismos psicológicos y espirituales en nuestra vida, y que se relacionan con la santificación, las dolencias del alma y las opresiones espirituales.

Aunque estaremos refiriéndonos al espíritu y al alma como "partes" de nuestro ser, debemos recordar que son componentes inmateriales, y que por lo tanto, es solamente una manera más comprensible de explicar realidades y fenómenos que escapan a nuestros sentidos físicos.

B. EL ESPÍRITU HUMANO

Es la parte más interior de nuestro ser, y que nos permite comunicarnos con Dios. Es la parte que estuvo muerta antes de nuestra conversión y nuevo nacimiento, y ésta fue la razón por la cual antes no podíamos tener comunión con Dios. Nuestras oraciones (o rezos) por decirlo así "no pasaban del techo", y Dios era solamente un concepto o un ideal inalcanzable.

Ezequiel 36:26 dice: "Os daré corazón nuevo, y pondré espíritu nuevo dentro de vosotros" refiriéndose al espíritu renacido. ¡Gloria a Dios, ahora sí podemos comunicarnos con Él! Dios deja de ser una persona desconocida y lejana, para ser "alguien" con quien podemos relacionarnos en amor.

Nuestro espíritu es también el asiento del Espíritu Santo en nuestro ser desde nuestra regeneración, y la comunicación es de Espíritu a espíritu (Romanos 8:16).

El espíritu debe fortalecerse por medio de la comunión con Dios en oración; por la lectura y meditación de la Palabra de Dios, y por la adoración.

C. EL ALMA HUMANA

Es la parte intermedia entre el espíritu y el cuerpo físico. Está compuesta por nuestro intelecto, nuestros sentimientos o emociones, y nuestra voluntad. Es la parte de nuestro ser que nos permite ser concientes de nosotros mismos (De ahí la famosa frase de Descartes: "Pienso, luego existo"). Es lo que nos diferencia psicológicamente a unos de otros.

El alma fue afectada por el pecado: el intelecto fue oscurecido; las emociones fueron dañadas y la voluntad torcida. Y éstos no han renacido en nuestra conversión.

Es el espíritu el que ha renacido, mientras el alma debe ser renovada por un proceso continuo, bajo la influencia del Espíritu Santo, del espíritu humano y de la Palabra de Dios. Es nuestra responsabilidad permitir esa influencia renovadora.

a. Según Romanos 12:2, ¿cómo somos transformados?:

b. En 2 Corintios 3:18, ¿por quién somos transformados?:

_____

c. Según Hebreos 4:12, ¿qué hace la Palabra de Dios?

_____

La Palabra de Dios llama "carne" no a nuestro cuerpo físico, sino a esas tendencias del alma contrarias al deseo del espíritu de agradar a Dios, y sobre todo de sujetarse a Dios. La esencia del pecado de Adán sigue vigente en la "carne", y su asiento es en nuestra alma. El cuerpo físico es neutro moralmente, pues sólo sigue los impulsos de nuestra alma.

d. Según Gálatas 5:17, ¿cuál es la lucha constante dentro del creyente?:

_____

La santidad se logra en la medida en que reconocemos que nuestra carne ya murió juntamente con Cristo en la cruz, y en la medida en que el espíritu va moldeando y sujetando los impulsos del alma, y conformándolos al carácter de Cristo.

e. Romanos 8:1. ¿Cuál es la clave de una vida de santidad?

_____

f. Según Gálatas 2:20, ¿qué debemos reconocer para tener victoria sobre la carne?

_____

D. EL CUERPO HUMANO

Es la parte de nuestro ser por medio del cual nos comunicamos con el mundo físico que nos rodea.

Nuestro cuerpo ha sufrido también las consecuencias del pecado de Adán. Cuando él desobedeció y comió del árbol (Génesis 2:17), no murió enseguida. Pero desde ese momento entró en la raza humana el principio de la muerte, por el cual vienen la debilidad, la enfermedad y la muerte física.

a. Lee Romanos 8:21-23. ¿Por qué gime la creación? ¿Por qué gime el espíritu del creyente?

_____

b. 1 Corintios 15:51-54. ¿Qué sucederá con nuestro cuerpo en la segunda venida del Señor?

Vemos, pues, que la redención de nuestro cuerpo es parte de la esperanza cristiana para los últimos tiempos. Pero mientras tanto, la obra de Cristo nos provee de los recursos para una vida sana, por nuestra unión con él. Este tema lo trataremos más adelante en este mismo libro.

E. LAS EMOCIONES DEL ALMA Y NUESTRA VIDA ESPIRITUAL

Hemos visto que nuestra alma incluye el intelecto, las emociones y la voluntad. La experiencia muestra que la mayoría de creyentes viven según sus emociones y no por la fe. Actúan según su alma y no según su espíritu.

Esto es lo que trae tantos altibajos en sus vidas, porque las emociones son naturalmente fluctuantes. El alma reacciona muy fácilmente a los estímulos externos, y cuando estos estímulos varían, las emociones varían. Fácilmente se pasa de la alegría a la tristeza; del optimismo al pesimismo; de la victoria a la derrota; del entusiasmo a la depresión; del amor al odio.

No permitas que las emociones dominen tu vida espiritual, porque así nunca tendrás estabilidad. Debes dejarte llevar por el espíritu y no por el alma. Deja que tu alma reaccione a los impulsos de tu espíritu, y no al revés. Las emociones producidas por tu espíritu tendrán su causa dentro de tu ser y no en estímulos externos, y tendrás una vida espiritual en constante crecimiento.

Tampoco debes buscar las emociones en tu experiencia espiritual, tratando así de satisfacer tu alma, sino la santidad y la obediencia al Espíritu Santo y a la Palabra de Dios, que es el deseo de tu espíritu. Si lo haces así, las emociones vendrán como consecuencia, pero según y cuando el Espíritu Santo lo quiera dar. ¡Y ten por seguro que habrá gozo y paz en tu vida!

Recuerda lo que dice Dios: "Como son más altos los cielos que la tierra, así son mis caminos más altos que vuestros caminos, y mis pensamientos más que vuestros pensamientos."

Memoriza los siguientes versículos

"Y el mismo Dios de paz os santifique por completo; y todo vuestro ser, espíritu, alma y cuerpo, sea guardado irreprensible para la venida de nuestro Señor Jesucristo."

1 Tesalonicenses 5:23

"Con Cristo estoy juntamente crucificado, y ya no vivo yo, mas vive Cristo en mí; y lo que ahora vivo en la carne, lo vivo en la fe del Hijo de Dios, el cual me amó y se entregó a sí mismo por mí."

Gálatas 2:20

Notas y comentarios

_____

_____

_____

_____

_____

Lección 2

EL FRUTO DEL ESPÍRITU
(Primera parte)

*E*n la lección anterior vimos que somos espíritu, alma y cuerpo, y que la parte de nuestro ser que ha nacido de nuevo y tiene la vida de Dios es nuestro espíritu.

Pero nuestra alma no ha sido regenerada; y aunque experimenta algunos cambios por el nuevo nacimiento, sin embargo necesita ser renovada por la influencia del Espíritu Santo y por la Palabra de Dios.

Parte importantísima de la transformación de nuestro ser por la renovación de nuestra alma, es lo que la Biblia llama el FRUTO DEL ESPÍRITU. En nuestro avanzar "HACIA UNA SANTIDAD PRÁCTICA" es fundamental que tratemos sobre este FRUTO DEL ESPÍRITU.

¿Recuerdas que ya lo vimos muy someramente, en "Tu nueva vida en Cristo"? En esta ocasión vamos a desarrollarlo un poco más, buscando aplicar lo que aprendamos a nuestra vida práctica.

Alguien ha dicho que la iglesia está dividida en dos clases de personas: árboles y postes. La diferencia entre ellos es que el árbol tiene vida, se desarrolla y da fruto. El poste no tiene vida ni da fruto, y su destino es podrirse. Dios busca árboles que den fruto, no postes estériles que sólo dan trabajo.

A. ¿QUÉ ES EL FRUTO DEL ESPÍRITU?

Lee Lucas 13:6-9. Esta es una parábola, es decir, una ilustración tomada de la vida diaria con un mensaje espiritual. El Señor Jesús usó mucho las parábolas para enseñar verdades profundas de la vida espiritual.

a. Según esta parábola, ¿qué busca Jesús de cada creyente?

_____

b. En Gálatas 5:16-25, ¿qué cosas se oponen entre sí en la vida del creyente?

_____

c. ¿Cuál es el fruto del Espíritu?

_____

d. ¿Qué relación encuentras entre los versículos 16 y 18, y el fruto mencionado en el v.22?

_____

_____

El fruto del Espíritu es el resultado de la rendición de tu voluntad como creyente, permitiendo que se manifieste la naturaleza divina implantada en tu espíritu. Si el Espíritu Santo está señoreando en tu espíritu, y tu alma se deja guiar por tu espíritu, se produce el fruto.

El fruto tiene que ver con el carácter cristiano y con nuestra santidad. Tiene que ver con lo que somos. En este sentido es el aspecto más importante de nuestra vida, por encima de los dones o de lo que hagamos para el Señor.

B. ANALIZANDO EL FRUTO DEL ESPÍRITU

Gálatas 5:22-23 dice: "Mas el fruto del Espíritu es: amor, gozo, paz, paciencia, benignidad, bondad, fe, mansedumbre y templanza".

Vemos que hay nueve aspectos del fruto; es decir, nueve facetas de un carácter rendido a la influencia del Espíritu Santo, y que refleja el carácter de Cristo. Analicemos estos nueve aspectos en el orden en que son mencionados.

1. AMOR

Este aspecto ya lo vimos en "Avanzando en el discipulado", de manera que no es necesario abundar en él. Sólo recordar que no se trata del amor de los sentidos o de los sentimientos, que nacen por algún estímulo externo. Sino el amor *ágape*, que nace del espíritu, y motivado por el *ágape* de Dios.

Este amor, como parte del fruto del Espíritu, se dirige en primer lugar a Dios, y luego a los demás, permitiendo que el amor de Dios fluya por medio nuestro a nuestros hermanos, parientes, amigos, o aún a los que no lo son.

¿Cómo describe 1 Corintios 13:4-7 el amor *ágape*?:

_____

_____

_____

Recuerda que no se trata de sentimientos o emociones despertados por personas que nos puedan caer simpáticas o atractivas, ni gratitud por los que nos hacen bien.

Si Dios nos ama tal como somos, perdonándonos nuestras debilidades, rebeldías, pecados, defectos, etc., ¿por qué no podemos amar a los demás, perdonándoles también sus faltas? Y más si consideramos que Dios las ama también, y que Cristo murió por ellos justamente para liberarlos de esos pecados, y sanarlos de sus flaquezas.

Amar, pues, es dejar que el amor de Dios fluya a través nuestro hacia todos los demás, aún a nuestros enemigos.

2. GOZO

Nada más lejos de la realidad que el concepto de que un cristiano es una persona apagada, sin alegría, sometido a estrictas normas de conducta que lo aprisionan.

En Juan 7:38, Jesús prometió: "El que cree en mí, como dice la Escritura, de su interior correrán ríos de agua viva". Y esta es la experiencia de cada creyente que es llenado con el Espíritu de Dios.

Ya al convertirnos, experimentamos gozo por el perdón de Dios, la seguridad de vida eterna y la libertad que sentimos. Hay gozo por las bendiciones de Dios, la sanidad de nuestros cuerpos, etc. También en la comunión con la familia de Dios.

Pero el gozo como parte del fruto del Espíritu es algo profundo e inexplicable; es un estado permanente del alma al conocer más y más al Señor en la comunión con Él y con su Palabra. Es gozo que no depende de las circunstancias, sino de que nuestro corazón está latiendo al unísono con el corazón de Dios.

a. Según Juan 15:9-11, ¿Cuál es la causa de nuestro gozo?

_____

b. 2 Corintios 7:4. ¿En qué circunstancias tenía gozo Pablo?

_____

c. En Filipenese 4:4. ¿Cuándo debemos estar gozosos?

_____

d. Según Santiago 1:2, ¿en qué circunstancias debemos sentirnos sumamente gozosos?

_____

e. En Nehemías 8:10, ¿qué es nuestra fortaleza?

_____

El GOZO es el sentimiento que acompaña al amor y resulta de él. Sólo el que ama y es amado tiene gozo. El mundo puede proporcionar alegría efímera y superficial, pero que desaparece cuando desaparece el estímulo.

Sólo el amar a Dios y el sabernos y sentirnos amados por Dios produce gozo permanente y profundo, y que perdura en cualquier circunstancia. Es el gozo que da un sentido de plenitud en la vida. Este es el gozo que hace que el cristiano pueda cantar en medio de cualquier situación, por adversa que sea, tal como lo expresa el salmista en el Salmo 149:1-5.

3. PAZ

Dice el diccionario que PAZ es: "Tranquilidad y sosiego del ánimo, en contraposición a la turbación y las pasiones". Es una de las cosas más buscadas y ansiadas por el ser humano, pero lamentablemente también una de las más esquivas. La razón para ello es simplemente el pecado humano.

En Jn 14:27 Jesús dice que la paz que él nos da no es como la del mundo: superficial y frágil, que se rompe con cualquier cosa. Piensa por unos momentos en cómo pretende lograr la paz el hombre a nivel personal, a nivel nacional y a nivel mundial, y cuáles son sus resultados.

a. En Isaías 26:3, ¿quién será guardado en completa paz por el Señor, y por qué?

_____

_____

b. En Juan 16:33, ¿qué razón tenemos para nuestra paz, aun en medio de las aflicciones del mundo?

_____

c. Según Romanos 5:1, ¿Cuál es la base para nuestra paz con Dios?

_____

Esta es la clave. Tenemos paz con Dios por la obra de Cristo en la cruz; sabemos que nuestros pecados han sido perdonados y olvidados para siempre por Dios; gozamos de su amor y de su protección, y tenemos la seguridad de la gloria de Dios. ¡Entonces podemos tener paz en medio de las tormentas de la vida!

Cuando tenemos paz con Dios, tenemos paz con los demás, y también con nosotros mismos. Nuestro ser se integra y equilibra, y ya no tenemos los conflictos internos que se proyectan en nuestras relaciones con los demás.

d. ¿A qué nos exhorta la Palabra de Dios en 1 Pedro 3:11?:

_____

_____

"En paz me acostaré, y asimismo dormiré; porque solo tú, Jehová, me haces vivir confiado" (Salmo 4:8), esta es la experiencia de muchos, quienes cuando recibieron a Cristo, dejaron de depender de pastillas para poder dormir . . . ¡GLORIA A DIOS!

Lee Romanos 8:28-39, y ¡alaba a Dios por hacerte más que vencedor en Cristo Jesús! ¡Disfruta de la paz que Dios te da porque has puesto toda tu confianza En El! Amor, gozo y paz, ¡qué bendita trilogía como regalo de Dios a sus hijos!

Memoriza los siguientes versículos

"Mas ahora que habéis sido libertados del pecado y hechos siervos de Dios, tenéis por vuestro fruto la santificación, y como fin, la vida eterna."

Romanos 6:22

"Mas el fruto del espíritu es amor, gozo, paz paciencia, benignidad, bondad, fe, mansedumbre, templanza; contra tales cosas no hay ley."

Gálatas 5:22-23

Notas y comentarios

_____

_____

_____

_____

_____

Lección 3

EL FRUTO DEL ESPÍRITU
(Segunda parte)

Permíteme recordarte que lo importante de estos estudios es aplicar la enseñanza de la Palabra de Dios a tu vida práctica. De manera que al considerar los seis siguientes aspectos del fruto del Espíritu, ora que el Espíritu Santo te revele si tu carácter cristiano está fallando en alguno de estos aspectos, y pide al Señor que te ayude a que este fruto del Espíritu se dé en tu vida a plenitud, por medio de la renovación de tu alma a la imagen de Cristo. Recuerda que el crecimiento hacia la madurez es un principio de la vida en cualquiera de sus formas.

Ahora que hemos visto en la lección anterior los primeros tres aspectos del FRUTO DEL ESPÍRITU: amor, gozo y paz, continuemos con los siguientes aspectos: paciencia, benignidad, bondad, fe, mansedumbre y templanza o dominio propio.

A. PACIENCIA

Este aspecto del fruto del Espíritu tiene que ver con nuestro trato con los demás. No es el "aguantar" estoicamente, "apretando los dientes"; ni es indiferencia, apatía o la reacción natural de un temperamento flemático. Tampoco es hacer las cosas con lentitud o parsimonia, como si tuviéramos todo el tiempo del mundo.

La paciencia, como una parte del fruto del Espíritu, es la inmutabilidad ante la provocación. Es el soportar los maltratos sin resentimiento, ira ni deseo de revancha. Es la aceptación de las pruebas y sinsabores de la vida sin enojo ni amargura. Es estar tan seguros del amor de Dios; del camino que transitamos y de la meta hacia la cual transitamos por la vida, que los incidentes no nos pueden apartar de esa serena certeza.

a. En Santiago 5:7-8, ¿por qué espera con paciencia el labrador?

_____

b. ¿Y por qué debemos tener paciencia los creyentes?

_____

¿Te das cuenta que una de las bases de nuestra paciencia es la esperanza? Job exclamó: "¡Yo sé que mi Redentor vive!", y eso le permitió tener tanta paciencia ante las pruebas.

Dios tiene paciencia con nosotros, porque conoce nuestras debilidades, pero al mismo tiempo conoce sus propios planes para con nosotros, y lo que hará al final de los tiempos cuando culmine el proceso de nuestra redención.

Debemos tener esa misma paciencia para con nuestros hermanos en Cristo, porque el Señor está tratando personalmente con cada uno de sus hijos, y tenemos la esperanza de que Él nos terminará de perfeccionar a todos.

AMOR + ESPERANZA = PACIENCIA

¿En qué debemos tener paciencia según los textos siguientes?

a. Efesios 4:2:

_____

b. 2 Tesalonicenses 1:4:

_____

c. 2 Timoteo 4:2:

_____

d. Hebreos 6:12

_____

B. BENIGNIDAD

Es la amabilidad que surge de un corazón que ama. Tiene que ver con las actitudes para con los demás. Es lo contrario de un carácter áspero y tosco. "¿Recuerdas 1 Corintios 13:4: "El amor es sufrido, es benigno; el amor no tiene envidia . . ."? En ese texto también se nos dice que la benignidad es resultado del amor *agape*, del amor de Dios.

Todos deseamos que nos traten bien, con amabilidad. El fruto del Espíritu nos lleva a tratar bien a los demás, aunque ellos no nos traten bien.

a. Efesios 4:32. ¿Cómo debemos ser unos con otros?

_____

b. Colosenses 3:12. ¿De qué debemos vestirnos?

_____

c. ¿Cómo debemos hablar con los demás según Colosenses 4:6?

_____

C. BONDAD

Es la cualidad de una persona regida por lo que es bueno, y cuya meta es el bien. No es "blandura", porque muchas veces por bondad tenemos que ser duros, como cuando disciplinamos a nuestros hijos. Es también resultado del amor, porque por amor deseamos lo mejor para los demás.

El Señor Jesús fue benigno con la mujer pecadora, pero fue bueno en la purificación del templo a pesar de su energía.

De la misma manera, cuando los padres castigan justamente a sus hijos, no lo hacen por malos sino por buenos, porque desean su bien. El problema surge cuando los padres castigan para desfogar su ira, y no por amor.

a. Romanos 11:22. ¿Con qué actitud está unida la bondad en este texto?

_____

b. Romanos 15:14. ¿Para qué nos capacita la bondad?

_____

c. En Efesios 5:9, ¿con qué virtudes va unida la bondad?

_____

Vemos, pues, que ser buenos no es ser tolerantes con el pecado o con el mal, sino desear y hacer todo aquello que promueva el verdadero bien, bien que está inseparablemente unido a la justicia y a la verdad de Dios. Siempre la bondad estará de acuerdo con la Palabra y con la santidad de Dios.

D. FE

No se refiere a la fe salvadora, que es don de Dios a todo creyente (Efesios 2:8), ni a la fe que se apropia de las promesas de Dios, sino a la actitud de certidumbre y confianza inalterables en la realidad y fidelidad de Dios, y que llega a formar parte del carácter de un creyente lleno del Espíritu.

a. En Hebreos 11:32-39, ¿qué produjo la fe de estos hombres?

_____

b. ¿Fue todo positivo o halagador para ellos?

_____

c. En 1 Corintios 13:13, ¿qué cosas permanecerán cuando las demás desaparezcan?

_____

Nota que la fe mencionada permanecerá juntamente con la esperanza y el amor, aún cuando ya no sean necesarias la fe salvadora ni la fe para apropiarse de las promesas, porque nuestra salvación se habrá completado y ya estaremos disfrutando del cumplimiento de todas las promesas de Dios. Es porque se refiere a la fe como manifestación del fruto del Espíritu, como rasgo de nuestro carácter, que permanecerá por la eternidad.

d. En 2 Corintios 5:6-9, ¿cómo es la vida del que tiene fe como rasgo de su carácter?

_____

E. MANSEDUMBRE

"Mansedumbre es aquella disposición de espíritu con la que aceptamos los tratos de Dios con nosotros como buenos, y por ello sin discutirlos ni resistirlos. Como consecuencia, también considera que los maltratos e insultos de los hombres malos son permitidos y empleados por Dios para la disciplina y purificación de sus elegidos" (W.E.Vine).

a. Números 12:3. ¿Cómo era Moisés? _____

b. Mateo 11:29. ¿Cómo era Jesús? _____

c. ¿Por qué crees que Moisés y Jesús fueron mansos?

_____

d. En Santiago 3:13, ¿cómo se demuestra la verdadera sabiduría?

_____

e. En Efesios 4:2, ¿con qué está relacionada la mansedumbre?

_____

f. ¿Qué promesa hay para los mansos?

_____

F. TEMPLANZA (DOMINIO PROPIO)

Dice 2 Timoteo 1:7: "Porque no nos ha dado Dios espíritu de cobardía, sino de poder, de amor y de dominio propio". "Templanza" o "dominio" es traducción de la palabra griega *eukrateia*, que significa "fuerza, poder". Es el resultado de ejercer la fuerza de voluntad, el dominio propio para no hacer aquellas cosas que no agradan a Dios o que nos hacen daño.

No se aplica solamente a la bebida, sino a todo exceso dañino como la glotonería; el vicio de la televisión; la pereza o el exceso en el trabajo; o a nuestra actitud ante las tentaciones: la sensualidad, el dinero, etc.

La templanza nos ayuda a vivir en un equilibrio sano, propio de la verdadera santidad práctica.

a. Según 1 Corintios 6:19, ¿por qué debemos tener dominio propio para no hacer cosas que nos dañen?

_____

b. ¿Según Santiago 3:1-8, ¿cuál es la prueba de que tenemos realmente dominio propio?

_____

Conociendo ahora los nueve aspectos del FRUTO DEL ESPÍRITU, y si el Espíritu Santo te ha revelado cuáles están faltando en tu vida, pues . . . ¡a alcanzarlos con la ayuda de Dios! Será un proceso de transformación a la imagen de Cristo por medio de la renovación de tu alma. Lo que es imposible para el hombre natural, es posible para ti, ¡porque ahora tienes la vida de Dios! Comienza cada día pidiendo al Señor que te llene de su Espíritu, y que tu vida pueda mostrar el FRUTO DEL ESPÍRITU, para gloria de Dios. Haz tuyas las palabras de Pablo: "Todo lo puedo en Cristo que me fortalece" (Filipenses 4:13).

Memoriza los siguientes versículos

"Mas ahora que habéis sido libertados del pecado y hechos siervos de Dios, tenéis por vuestro fruto la santificación, y como fin, la vida eterna."

Romanos 6:22

"Mas el fruto del espíritu es amor, gozo, paz paciencia, benignidad, bondad, fe, mansedumbre, templanza; contra tales cosas no hay ley."

Gálatas 5:22-23

Notas y comentarios

_____

_____

_____

_____

_____

Lección 4

LA SANTIDAD DEL CUERPO

Recuerdas lo que dice 1 Tesalonicenses 5:23?: "Y el mismo Dios de paz os santifique por completo; y todo vuestro ser, espíritu, alma y cuerpo, sea guardado irreprensible para la venida de nuestro Señor Jesucristo." Dios nos dice en este texto que nuestro cuerpo también tiene que ser santificado. Revisemos el concepto de "santidad", "santo" o "santificado" en las Escrituras.

El término usado en el Nuevo Testamento para "santo" es el griego *hagios*, que tiene dos acepciones o significados:

a. Separado, consagrado para Dios.

b. Puro, separado del pecado. El verbo "santificar" no es sino una variante del mismo término *hagios*, y significa separar algo para Dios, o separarlo de usos pecaminosos. Veamos algunas razones poderosas para buscar la santificación de nuestro cuerpo.

A. TU CUERPO, CREACIÓN DE DIOS PARA LA ETERNIDAD

La primera razón para cuidar nuestro cuerpo y guardarlo en santidad, es porque es creación de Dios y dado a nosotros para administrarlo. No tenemos derecho de hacer de nuestro cuerpo lo que se nos antoje y así dañarlo, porque en última instancia no nos pertenece.

Hay dignidad en la vida humana, dignidad que incluye nuestro cuerpo físico. El ser humano ha perdido de vista esta dignidad desde que renunció a ser creación de Dios, y aceptó la idea de que sólo es materia, y un animal entre muchos.

Esta teoría, todavía ardorosa y tercamente defendida por muchos evolucionistas, presente en casi todos los libros de texto de ciencias, y cosmovisión tácita de casi todo lo que se dice o escribe en los medios de comunicación, está cayendo más y más en el descrédito. A pesar de 120 años transcurridos desde Darwin, los científicos evolucionistas no han podido demostrar su teoría, ni presentar una sola prueba de ella.

¡No! ¡No eres descendiente del mono! ¡Eres creación de Dios! Tu espíritu y tu alma son imagen y semejanza de Dios, y tu cuerpo es habitación digna de esa imagen y semejanza de Dios; tan digna que hasta el Hijo de Dios vino a habitar en uno.

Es verdad que nuestro cuerpo también sufrió las consecuencias del pecado, y por eso sufrimos enfermedades, debilidad y la muerte, pero veamos lo que la Palabra de Dios nos revela:

a. Romanos 8:23. ¿Cuál es el anhelo de nuestro espíritu?

_____

b. 1 Corintios 15:51-54. ¿Qué pasará con nuestros cuerpos cuando Cristo venga?

_____

c. Filipenses 3:21. ¿A qué será semejante nuestro cuerpo?

_____

B. TU CUERPO, TEMPLO DEL ESPÍRITU SANTO

La Palabra de Dios nos enseña algo más sobre nuestro cuerpo. Lee 1 Corintios 6:19-20, y anota las respuestas.

a. ¿Qué es nuestro cuerpo?

_____

b. ¿Cuáles son las dos razones por las que nuestro cuerpo no es nuestro?

_____

_____

c. ¿Qué debemos hacer en nuestro cuerpo y espíritu?

_____

_____

Nota que Dios llama a tu cuerpo "templo", y no simple habitación o morada. Templo es un edificio dedicado, consagrado, separado (santificado) para Dios, y no para usos profanos. Tu cuerpo es "santo", porque ha sido separado por Dios ¡para templo suyo y para su gloria! ¡Aleluya!

¡Qué privilegio!, ¿verdad? Pero todo privilegio trae responsabilidad, y la nuestra es cuidar de este cuerpo creado por Dios para templo del Espíritu Santo. Veamos algunas cosas que atentan contra la santidad de nuestro cuerpo:

C. LOS PECADOS CONTRA EL CUERPO

Ya hemos visto que todo pecado nace de la "carne"; es decir, de las inclinaciones pecaminosas de nuestra alma, todavía no totalmente renovada a la imagen de Cristo. Sin embargo, algunos pecados afectan de una manera especial a nuestro cuerpo.

1. La Fornicación

a. 1 Corintios 6:13-18. ¿Qué sucede con el que se une a una ramera?

_____

b. ¿Contra qué peca el que fornica?

_____

La palabra "fornicación" es traducción de la palabra griega *porneia*, que incluye toda inmoralidad sexual y toda relación sexual ilícita. Dios es el creador del sexo en el ser humano, y lo hizo digno y santo. Toda perversión de esa santidad es pecado, tal como la masturbación, el sexo contra natura, las relaciones homosexuales, el estímulo por medio de la pornografía, el erotismo, las fantasías sexuales, etc.

c. Romanos 1:18-27. ¿Consecuencias de qué cosas son la homosexualidad y el lesbianismo?

2. Los vicios

Entendemos por vicio toda afición o hábito que esclaviza a alguna cosa o práctica.

a. 1 Corintios 6:12. Según este texto, ¿qué no puede permitir un cristiano?

_____

b. Efesios 5:18. ¿Cuál es la única "borrachera" permitida y deseable para un hijo de Dios?

_____

c. 1 Tesalonicenses 5:22. Anota algunos males (vicios) modernos de los cuales debemos abstenernos

_____

d. Romanos 13:13. ¿Por qué crees que es un pecado la glotonería?

_____

Tu cuerpo es el templo del Espíritu Santo, y practicar cualquier hábito o vicio que dañe la salud del cuerpo es dañar el templo de Dios. También afecta nuestra dignidad, porque debemos vivir en la libertad de los hijos de Dios (Juan 8:36).

C. EL CUIDADO DEL CUERPO

1. La alimentación

Como hijos de Dios debemos ser cuidadosos; buscar una alimentación sana y equilibrada, y no dejarnos llevar solamente por el gusto de comer, como es lo corriente en el mundo. No dañemos el templo con alimentos perjudiciales para la salud.

a. 1 Corintios 10:31. ¿Cómo debemos comer o beber?

_____

_____

2. El ejercicio y el descanso físicos

a. 1 Timoteo 4:8. ¿Qué dice Pablo sobre el ejercicio físico?

_____

El ejercicio y los deportes no son pecaminosos. Lo que Pablo dice es sólo que el ejercicio corporal "para poco es provechoso" comparado con el ejercitarse para la piedad (v.7), dando más importancia a esto último; lo cual es correcto. Pero ello no implica que no sea beneficiosa una sana práctica de ejercicios o deportes, especialmente por lo sedentario de la vida moderna (trabajos de oficina, etc.).

b. Génesis 2:2. ¿Qué hizo Dios después de la creación?

---

c. Marcos 2:27. ¿Para quién fue hecho el día de reposo?

Dios no necesitaba descansar, pero lo hizo como modelo para nosotros, que sí debemos hacerlo. Todo exceso de trabajo daña el cuerpo. Dios, nuestro Hacedor, ha determinado que guardemos el día de reposo para dedicarlo a Él, y como descanso necesario para nuestro cuerpo.

3. El aseo

a. Hebreos 10:22. ¿Cómo debemos acercarnos a Dios?

La santidad va ligada a la santidad del cuerpo. La limpieza espiritual está relacionada con la limpieza del cuerpo. Es una contradicción hablar de un "santo sucio". Son mal testimonio de la fe el desaseo y los malos olores resultantes; pero también es pecado contra el cuerpo, templo del Espíritu Santo.

4. El arreglo físico

a. 1 Timoteo 2:9; 1 Pedro 3:1-4. ¿Cómo deben ataviarse las hijas de Dios?

---

b. ¿Qué no deben usar?

La palabra "atavío" es traducción de la palabra griega kosmos, que significa "ornamento, adorno". Ataviarse, por lo tanto, es adornarse, arreglarse, y es deseo innato en todos, especialmente en la mujer (Lee Jeremías 2:32).

La fe no va contra los principios naturales, sino contra sus abusos. Dios es el creador de la belleza, y adornó la naturaleza con muchas cosas hermosas (Mt 6:28-29). Lo importante es que el "adorno" o arreglo resalte la belleza propia creada por Dios, y especialmente la belleza interior, y que no la desvirtúe por su exceso u ostentación. Debe haber (1Ti 2:9) decoro, pudor y modestia en todo: peinado, maquillaje, vestido, uso de adornos o joyas, etc. La coquetería y la seducción no son compatibles con la santidad de los hijos e hijas de Dios. Sí la atracción de la belleza de un carácter santo.

En cuanto al uso de pantalones por la mujer, debemos entender Dt 22:5: *"No vestirá la mujer ropa de hombre, ni el hombre vestirá ropa de mujer"*, a la luz del uso actual dentro de nuestra cultura. En los tiempos bíblicos los hombres usaban una especie de vestido que hoy sería considerado ropa de mujer y no de hombre. Los usos cambian con el tiempo, y los pantalones han llegado a ser ropa de mujer también.

Por último, para las cristianas viene muy bien el consejo de Pope: "No seas la primera en probar lo novedoso, ni la última en abandonar lo añoso."

Memoriza los siguientes versículos

"Todas las cosas me son lícitas, mas no todas convienen; todas las cosas me son lícitas, mas yo no me dejaré dominar de ninguna."

1 Corintios 6:12

"¿O ignoráis que vuestro cuerpo es templo del Espíritu Santo, el cual está en vosotros, el cual tenéis de Dios, y que no sois vuestros?."

1Corintios 6:19

Notas y comentarios

_____

_____

_____

Lección 5

SANIDAD Y SALUD DIVINAS

*H*abiendo visto en la lección anterior el tema de la SANTIDAD DEL CUERPO, vamos a ver la enseñanza bíblica sobre la SANIDAD DIVINA, porque está íntimamente relacionada con lo anterior. Si nuestro cuerpo ha sido separado para Él, la sanidad física debiera ser parte de la experiencia del creyente.

Pues es maravilloso ver que el Evangelio no es solamente "buenas noticias"" para el problema de nuestro pecado, sino que también es "buenas noticias" para el problema de la enfermedad física. Veamos la enseñanza bíblica al respecto.

A. ¿POR QUÉ HAY ENFERMEDADES?

En la primera lección, vimos que una de las consecuencias del pecado de Adán y Eva fue la entrada del principio de muerte o de corrupción en la raza humana, y que desde entonces la enfermedad es una manifestación de ese principio. Muchas personas creen que Dios les ha enviado una enfermedad, y que Él quiere que estén enfermas. Pero, ¿es así Dios, que puede desear que sus hijos estén enfermos? ¿qué nos muestra la Biblia? Veamos:

a. Job 2:7, ¿aunque Dios lo permitió, quién causó en realidad la sarna maligna en Job? _____

b. Lucas 13:16, ¿quién había mantenido atada a la mujer con enfermedad por 18 años? _____

c. Hechos 10:38, ¿cómo califica la Biblia a los enfermos?

_____

_____

Con excepción de unas pocas ocasiones en las cuales Dios envía enfermedad como juicio por pecados, la Biblia nos muestra que, en forma general, la enfermedad es: o consecuencia del principio de muerte y corrupción en la naturaleza humana por causa del pecado, o ataque de Satanás sobre el ser humano, en su odio y su deseo de dañar todo lo creado por Dios.

Pero veamos qué ha hecho Dios por la sanidad del ser humano, aparte de ofrecerle perdón de pecados y salvación.

B. LA SANIDAD EN LAS ESCRITURAS

a. Éxodo 23:25. ¿Qué prometió Dios a Israel si cumplía con el pacto?

_____

b. Salmo 103:3. ¿Qué hace Dios por nosotros?

_____

c. Isaías 53:4-5. Este pasaje se refiere proféticamente al Señor Jesucristo. ¿Qué haría El con nuestras enfermedades?

_____

d. Mateo 8:16-17. ¿Cómo se cumple la profecía de Isaías 53?

_____

e. Marcos 16:17-18. ¿Qué prometió el Señor a los que creen, en cuanto a sanidad?

_____

f. ¿Puedes recordar qué enfermedades sanó Jesús en su ministerio terrenal?

_____

g. Santiago 5:14-16. A la luz de este pasaje, ¿Quiere Dios que hayan enfermos entre sus hijos?

C. FUNDAMENTOS BÍBLICOS PARA LA SANIDAD

A la luz de estos y muchísimos otros pasajes de las Escrituras tanto del Antiguo como del Nuevo Testamento, podemos establecer, con toda claridad, los siguientes fundamentos bíblicos para la sanidad divina:

1. La enfermedad no fue creada por Dios, sino que entró en el mundo por el pecado de Adán y Eva, como parte del principio de corrupción y muerte: " . . . porque el día que pecares (de él comieres), ciertamente **morirás**" (Gn 2:17).

2. Dios, en sus propósitos eternos, dio la solución al problema del pecado mediante la cruz de Cristo, dándonos perdón de pecados, libertad de condenación, y también libertad de las consecuencias temporales del pecado: la enfermedad. En otras palabras, la sanidad es, conjuntamente con el perdón de pecados, fruto de la expiación de Cristo. "Ciertamente llevó El (Cristo) nuestras enfermedades, y sufrió nuestros dolores.. herido fue por nuestras rebeliones, molido por nuestros pecados; el castigo de nuestra paz fue sobre El, y por su llaga fuimos nosotros curados . . . Jehová cargó en él el pecado de todos nosotros" (Is 53:4-6).

3. La sanidad de las enfermedades fue uno de los cuatro ministerios básicos de Jesús mientras estuvo aquí: "Recorría Jesús todas las ciudades y aldeas, enseñando . . . predicando el evangelio del reino, sanando toda enfermedad y toda dolencia en el pueblo" (Mt 9:35). "y con la palabra echó fuera a los demonios" (Mt 8:16).

4. Jesús encarga esos mismos cuatro ministerios a sus discípulos y a la iglesia: "Y yendo, predicad, diciendo: El reino de los cielos se ha acercado. Sanad enfermos, limpiad leprosos, resucitad muertos, echad fuera demonios . . ." (Mt 10:7-8). "Por tanto, id, y haced discípulos . . . enseñándoles que guarden todas las cosas que os he mandado; y he aquí yo estoy con vosotros todos los días, hasta el fin del mundo. Amén." (Mt 28:19-20).

5. Dios nos ha dado los recursos y el poder para la sanidad de las enfermedades: "Y estas señales seguirán a los que creen: sobre los enfermos pondrán sus manos, y sanarán" (Mr 16:17-18). "Pero recibiréis poder, cuando haya venido sobre vosotros el Espíritu Santo, y me seréis testigos . . ."(Hch 1:8). "Porque a éste es dada por el Espíritu . . . a otro, **dones de sanidades** por el mismo Espíritu" (1Co 12:8-9).

6. El ministerio de sanidad es un privilegio, pero también un mandato para la iglesia: "¿Está alguno enfermo entre vosotros? Llame a los ancianos de la iglesia, y oren por él, ungiéndole con aceite en el nombre del Señor. Y la oración de fe salvará al enfermo, y el Señor lo levantará" (Stg 5:14-15).

7. La sanidad puede ser incluída en la promesa de respuesta a la oración de fe. Y Dios no miente: "Por tanto, os digo que todo lo que pidiéreis orando, creed que lo recibiréis ("que lo habéis recibido", trad. literal), y os vendrá" (Mr 11:24).

D. ALGUNOS PRINCIPIOS DE LA SANIDAD DIVINA

1. Impedimentos a la sanidad

Aunque la sanidad está a disposición de todo hijo de Dios, y es el deseo de Dios que nos la apropiemos, hay ciertas condiciones para que Dios obre dicha sanidad en nuestra vida:

a. Mateo 13:54-58. ¿Por qué Jesús no pudo hacer muchos milagros en Nazaret?

_____

b. Santiago 5:16. ¿Qué es necesario para ser sanados?

_____

c. 1 Corintios 11:30. ¿Qué puede causar enfermedades y hasta la muerte?

_____

d. 2 Corintios 12:7-9. ¿Por qué Dios no quitó el aguijón de Pablo?

_____

Aunque es la voluntad general de Dios el sanar, pueden haber algunas ocasiones en que, por alguna razón didáctica, El retenga la sanidad. Esperemos que Dios obrará sanando conforme a sus promesas, pero recordemos que El es soberano, y ha dicho: "mis pensamientos no son vuestros pensamientos, ni vuestros caminos mis caminos". Dios reprochó a Job y a sus amigos por pretender tener razones para el obrar de Dios.

2. La enfermedad y espíritus de enfermedad

Jesús, en la mayoría de los casos sanó orando o poniendo sus manos sobre los enfermos. Sin embargo, en algunas ocasiones reprendió espíritus de enfermedad, como en Lucas 4:38-39 y 13:11. No debemos pensar que todas las enfermedades son causadas por demonios o espíritus de enfermedad.

3. La sanidad divina y las medicinas

La fe en la sanidad divina no debe llevarnos a condenar el uso de medicinas ni a los médicos; ni a menospreciar a un hermano porque no tiene la fe suficiente para confiar en Dios para su sanidad; o porque a pesar de su fe, no es sanado. La fe es personal, y al final de cuentas, es un don de Dios (Efesios 2:8). La fe en la sanidad no hace a nadie más espiritual que otro.

4. ¿Cómo recibir sanidad divina?

En las Escrituras encontramos entre otras, las siguientes maneras de recibir sanidad divina:

a. Por medio de la oración de fe (Mt 18:19; Mr 11:24)

b. Por oración con ungimiento con aceite (Stg 5:14-16)

c. Por oración con imposición de manos (Mt 8:3; Mr 16:17-18)

d. Por el contacto con prendas (Hch 19:12)

e. Por el ejercicio de los dones de sanidades (1Co 12:9)

Pero Dios también obra sanidad sobrenaturalmente cuando le alabamos y adoramos unánimemente y de corazón como iglesia, y desciende la unción poderosa de su presencia. O cuando participamos de la Santa Cena, y nos apropiamos por la fe del poder de la vida resucitada de Cristo para nuestra sanidad.

E. VIVIENDO EN SALUD DIVINA

¡Gracias a Dios por el don de la sanidad! Pero el ideal de Dios es la salud divina para sus hijos. La sanidad divina es la provisión para aquellos que ya están enfermos, pero lo ideal es que vivamos libres de la enfermedad, viviendo por fe y derrotando al enemigo cada vez que quiere afligirnos con alguna enfermedad.

Para ello, tenemos que hacer ciertas cosas:

1. Respetar las leyes naturales. Mientras vivamos en este cuerpo estamos sujetos a las leyes que Dios incorporó en su creación física. Vimos en la lección anterior que debemos evitar todo lo que dañe nuestro cuerpo. De otra manera no podemos pedir sanidad ni salud de Dios.
2. Ser diligentes en la meditación de la Palabra (Pr 4:20-22).
3. Consagrar nuestras vidas al Señor (Ro 12:1-2; Stg 4:3).
4. Apropiarnos por fe, definitivamente, de todos los beneficios de la expiación de Cristo (Is 53:4-5); y de nuestra unión con Él (Gá 2:20).
5. Ejercer la autoridad que Cristo nos ha dado sobre los demonios, tan pronto percibimos un ataque de un espíritu de enfermedad (Lc 10:19).
6. Vivir llenos del Espíritu Santo, y siendo guiados por Él en todo (Ro 8:9-14). Nota especialmente el versículo 11.

El resultado de cumplir esto, será ¡una vida de salud para servicio de Dios y para testimonio de su gloria! ¡Aleluya!

Memoriza los siguientes versículos

"Él es quien perdona tus iniquidades, el que sana todas tus dolencias."

Salmo 103:3

"Ciertamente llevó él nuestras enfermedades, y sufrió nuestros dolores; y nosotros le tuvimos por azotado, por herido de Dios y abatido. Mas él herido fue por nuestras rebeliones, molido por nuestros pecados; el castigo de nuestra paz fue sobre él, y por su llaga fuimos nosotros curados."

Isaías 53:4-5

Notas y comentarios

_____

_____

_____

_____

_____

Lección 6

CÓMO VENCER
LAS TENTACIONES

Hemos visto en la primera lección que, al recibir a Cristo como Salvador y Señor, nuestro espíritu renació por la obra regeneradora del Espíritu Santo. Es una nueva naturaleza que hemos recibido, que ama a Dios, ama la justicia y la santidad.

Pero, aunque nuestro nuevo nacimiento sucedió instantáneamente por la fe en Cristo, el alma tiene que ser renovada a su semejanza por un proceso de santificación. Hemos visto que las inclinaciones pecaminosas del alma son llamadas "carne" en la Biblia. La naturaleza carnal no ha sido extirpada totalmente, sino que convive con la nueva naturaleza espiritual.

Por esto es que, siendo un hijo de Dios nacido de nuevo, todavía experimentas tentaciones; es decir, impulsos indeseados hacia el pecado, y encuentras que tu naturaleza carnal responde todavía a la tentación. Pues sólo en la medida en que tu espíritu (tu naturaleza espiritual) se fortalezca y tome control de tu vida, serás más y más victorioso sobre la tentación y el pecado. Veamos algunas enseñanzas de la Palabra sobre la tentación:

A. LOS TRES ENEMIGOS DEL HIJO DE DIOS

a. Gálatas 5:16-17. ¿Qué conflicto sucede dentro del creyente?

_____

_____

b. Efesios 6:11-12. ¿Contra quién es nuestra lucha?

_____

c. 1 Juan 2:16. ¿De dónde provienen muchas de las tentaciones?

_____

Sí, la vida cristiana es una confrontación constante contra el pecado. Satanás, nuestro antiguo "señor", no ha quedado contento al perder su dominio sobre nosotros, y utiliza todos los medios para hacernos caer y para desanimarnos, con la intención de que volvamos bajo sus cadenas de esclavitud, y así al camino de la condenación eterna.

Las tentaciones vienen de los tres enemigos del creyente: la carne, Satanás, y el mundo. Pero, ¡Gloria a Dios! pues te ha dado recursos suficientes para una vida de victoria. El diablo no podrá quitarte el gozo de la salvación si no se lo permites, apropiándote de los recursos espirituales de Dios.

Un principio básico a considerar ya: Aléjate de toda fuente de tentaciones. Dice el Señor: "Huid de la fornicación"; "hombres corruptos . . . apártate de los tales""; "Huye de las pasiones juveniles" (1 Corintios 6:18; 1 Timoteo 6:5; 2 Timoteo 2:22).

1. Las tentaciones de la carne

Vienen porque hemos heredado una naturaleza pecaminosa, y nuestra alma se había habituado a pensar, sentir y actuar bajo los impulsos de esa naturaleza.

Gálatas 5:19-21. ¿Cuáles de las obras de la carne mencionadas allí, consideras que son tentaciones reales en tu vida? Comienza a orar desde ahora por una victoria total sobre ellas.

2. Las tentaciones de Satanás

Satanás está detrás de todo el sistema pecaminoso del mundo, y es causante indirecto de toda tentación. Sin embargo, hay veces en que él actúa en forma directa, haciendo insinuaciones a nuestra mente, estimulando las emociones, o llevándonos a situaciones peligrosas, usando circunstancias o personas para ello.

Lucas 4:1-13. Este es un caso típico de tentación directa de parte de Satanás. Fíjate con qué venció Jesús las tentaciones.

3. Las tentaciones del mundo

Son los atractivos que este mundo nos presenta, apelando a los deseos de nuestra alma o a las necesidades de nuestro cuerpo, pero pervirtiéndolos y alejándonos de Dios. Exalta los valores temporales e intrascendentes: placer, dinero, fama, poder, etc. Nos son presentados por medio de las exhibiciones públicas, por la publicidad en los medios de comunicación: cine, televisión, revistas, diarios, etc.

1 Juan 2:16. ¿A qué deseos apela el mundo, según este texto?

_____

_____

_____

B. EL PODER DE LA ARMADURA DE DIOS

a. Lee Efesios 6:13-18. ¿Para qué sirve la armadura de Dios?

_____

_____

b. ¿Cuáles son las seis partes de la armadura?

_____

_____

Vamos a analizar cada una de estas partes:

1. El cinto de la verdad

Se trata de la verdad de Dios como un principio de vida, ajustando y sujetando toda la armadura. Si decides, de una vez por todas, que la verdad de Dios será el principio que guíe todos los actos de tu vida, habrás logrado la victoria sobre muchas de las tentaciones y ataques de Satanás, quien es el "padre de mentira" (Juan 8:44). Verdad es luz, es transparencia, es lo opuesto a lo oscuro, a lo turbio.

Juan 8:32, ¿con qué somos libres?

---

2. La coraza de justicia

Es apropiarte de la justicia perfecta de Cristo por la fe, y usarla contra todo intento de Satanás de acusarte o desanimarte. Es decirle al diablo: "Ya soy nueva criatura, justificado por la sangre de Cristo, y todos mis pecados ya han sido perdonados y lavados con esa sangre".

En Isaías 61:10, ¿con qué hemos sido rodeados?

No solamente has sido justificado de tus pecados, sino que Dios te ha cubierto con el manto de la justicia de Cristo. Ante cualquier impulso o insinuación pecaminosos, presenta la coraza de la justicia de Cristo, que es tuya por la fe.

3. El calzado del evangelio de la paz

Las sandalias permitían a los soldados gran rapidez de movimiento. Significa la prontitud con que debes obedecer al Señor, llevando en tu vida y en tus labios el evangelio de la paz. Una vida inactiva e infructuosa es presa fácil de los ataques del enemigo. Una vida de testimonio dinámico, y predicando el evangelio, está menos expuesta a caer en las tentaciones.

4. El escudo de la fe

La fe es el escudo en la batalla espiritual, para "apagar los dardos de fuego del maligno", es decir, toda insinuación, mentira, tentación. Lee Hebreos 11:1, y recuerda lo que es la fe: "Certeza de lo que se espera, convicción de lo que no se ve". Es la confianza en Dios, en Cristo y en su Palabra, que defenderá tu mente de todo error; tu corazón de todo desánimo; tu voluntad de toda rebelión contra Dios.

5. El yelmo de la salvación

El yelmo protege la cabeza. La conciencia de que eres salvo, que eres un hijo de Dios, y que eres heredero de la vida eterna, protegerá tu mente de las insinuaciones de Satanás, del mundo y de la carne; también te hará diligente en las cosas del espíritu, valiente en los conflictos y constante hasta el final.

6. La espada del Espíritu, la Palabra de Dios.

Es la única arma defensiva y ofensiva al mismo tiempo. Jesús usó el "escrito está" para vencer a Satanás en todas las tentaciones en el desierto (Lucas 4:4;8;12). Úsalo tú también.

Hebreos 4:12. ¿Por qué es eficaz la Palabra de Dios para vencer las tentaciones?

La Palabra de Dios, por ser inspirada por el Espíritu Santo, es poderosa para usarla en nuestra lucha contra las tentaciones. Dice el Salmo 119:11: "En mi corazón he guardado tus dichos, para no pecar contra ti."

7. Orando en todo tiempo en el Espíritu

Aunque no es una parte de la armadura de Dios, la oración revela el espíritu con el que debemos llevar esa armadura. Debe ser en todo tiempo. Debe ser en el Espíritu, es decir, guiado por el Espíritu, sea con el entendimiento o en lenguas. Debemos velar en ello, y ser perseverantes.

Es el aspecto más importante en la lucha contra la tentación. Jesús dijo a sus discípulos: "Orad, para que no entréis en tentación" (Mateo 26:41).

C. EL PODER DEL NOMBRE DE JESÚS

Tenemos otro recurso poderoso en la lucha contra las tentaciones: el nombre de Jesús, para reprender en ese nombre a todo espíritu tentador; para resistir a Satanás y para echarlo fuera. Jesús reprendió con autoridad a los demonios y ellos obedecieron y se retiraron.

a. Lucas 10:19. ¿Qué autoridad te ha dado Jesús?

---

b. Santiago 4:7. ¿Qué pasará si resistes al diablo?

Con su autoridad, puedes renunciar a cualquier cosa que te esté tentando, llamándolo por su nombre y rechazándolo en el nombre de Jesús.

C. EL PODER DE LA CRUZ

Cuando creíste en Cristo, te identificaste con Él en su muerte, y por lo tanto tu viejo hombre fue crucificado juntamente con Él. Esta es una verdad con una fuerza tremenda para vencer las tentaciones que batallan contra tu alma.

a. Gálatas 2:20. ¿Cuál fue el secreto de Pablo para una vida victoriosa?

___

b. Gálatas 5:24. ¿En la lucha entre la carne y el espíritu, cómo se logra la victoria del espíritu?

___

c. Lee Gálatas 6:14. ¿Vas entendiendo el poder de la cruz?

___

Cuando venga la tentación, reafirma la verdad de que tu viejo hombre murió con Cristo en la cruz. Declara con tu boca que crucificas tu carne una vez más, y que recibes el poder de la vida resucitada de Cristo con su justicia. Apocalipsis 12:11 dice: "Y ellos le han vencido . . . por medio de la palabra del testimonio."

¡Nunca te desanimes! 1 Corintios 10:13 dice: "Fiel es Dios, que no os dejará ser tentados más de lo que podéis resistir. sino que dará también juntamente con la tentación la salida, para que podáis soportar". Y recuerda Romanos 8:37: " . . . somos más que vencedores por medio de aquel que nos amó."

Memoriza los siguientes versículos

"Velad y orad, para que no entréis en tentación; el espíritu a la verdad está dispuesto, pero la carne es débil."

Mateo 26:41

"Someteos, pues, a Dios; resistid al diablo, y huirá de vosotros."

Isaías 53:4-5

Notas y comentarios

_____

_____

_____

_____

_____

Lección 7

LA DISCIPLINA DEL AYUNO

En esta lección examinaremos un tema importante en el avance hacia una santidad práctica: LA DISCIPLINA DEL AYUNO. Aunque parezca a primera vista algo propio del pasado o de grupos místicos o fanáticos, el ayuno está respaldado por la enseñanza bíblica, confirmada por la experiencia de grandes hombres de Dios en la historia de la Iglesia, y comprobado por muchísimos creyentes.

Digamos desde el comienzo que el ayuno no es algo atractivo para la carne. Por el contrario, nuestra carne se opondrá tenazmente a su práctica, y pondrá toda clase de excusas. Igualmente, el diablo tratará de disuadirnos de hacerlo, porque sabe que ganaremos poder espiritual.

Por ello, la práctica del ayuno será posible sólo si anhelamos de todo corazón crecer en santidad y en victoria, y si tenemos convicciones claras de que es voluntad de Dios que lo hagamos, y que realmente trae bendición sobre nuestra vida. Veamos algunos aspectos clave de la DISCIPLINA DEL AYUNO.

A. EL AYUNO EN LAS ESCRITURAS

1. En el Antiguo Testamento
a. En 1 Samuel 7:3-6, ¿por qué ayunó el pueblo de Israel?

b. En 2 Crónicas 20:3, ¿para qué ordenó ayuno Josafat?

_____

c. Ester 4:16, ¿para qué pide Ester que ayune el pueblo?

_____

2. En el Nuevo Testamento
a. Mateo 4:2. ¿Cuántos días ayunó el Señor, y antes de qué?

_____

b. En Mateo 17:14-21, ¿para qué son necesarios el ayuno y la oración?

_____

c. En Hechos 13:2-3, ¿quiénes ayunaron y para qué?

_____

d. En Hechos 14:23, ¿antes de hacer qué ayunó la iglesia?

_____

B. PROPÓSITOS DEL AYUNO
A la luz de los textos estudiados, hay varios propósitos para el ayuno:

1. Para mayor santidad en nuestra vida
La santidad se construye sobre una profunda aflicción por el pecado, y el ayuno es una forma de expresar esa aflicción. Con frecuencia Israel, u hombres de Dios como David, ayunaron cuando habían caído en pecado, y dedicaron ese tiempo a la oración.

No es que el ayuno nos hace santos automáticamente, sino que nos ejercita en el dominio de los apetitos e impulsos de nuestra carne, y de esa manera podemos vencer mejor las tentaciones. Además, al ayunar, nuestra autosuficiencia y orgullo son derrotados, y aprendemos a someternos y a depender de Dios.

Lee Ezequiel 16:49, ¿Con qué está relacionada la saciedad de pan?

_____

2. Por dirección de Dios en circunstancias especiales. Lo vemos claramente en la iglesia en Antioquía, donde al ayunar y orar, el Espíritu Santo pudo hablar a la iglesia y revelar sus propósitos para con Saulo y

Bernabé. Al ayunar y orar, la mente y los sentidos espirituales son sensibilizados, y podemos oir mejor la voz del Espíritu Santo.

3. Para fortalecernos espiritualmente para la lucha contra el diablo

¿Recuerdas cómo los discípulos no pudieron echar fuera al demonio del muchacho en Mateo 17:16? El Señor explica luego que es necesario ayunar y orar para ello. Uno de los ministerios que Jesús ha dejado a su Iglesia es el de liberar a los oprimidos por el diablo, y lo podrá hacer mejor si practica regularmente la oración con ayuno. (Nota: Aunque la palabra "ayuno" no aparece en algunos manuscritos, sí es enseñanza bíblica reconocida que el ayuno fortalece espiritualmente.)

4. Para intercesión en situaciones de crisis

Los ejemplos de Josafat y Ester son típicos de situaciones de grandes crisis, que les llevan a ayunar, y pedir al pueblo que ayune también. Al ayunar, estamos diciéndole a Dios cuánto necesitamos y deseamos su intervención en esas situaciones, y reforzamos así nuestras oraciones. ¡Debemos tomar muy en cuenta este hecho al pensar en la situación que se vive en nuestro país!

5. Para la ordenación de ministros para la obra

En Hechos 14:23, los apóstoles ayunaron y oraron al constituir a los ancianos en cada iglesia, para encomendarles al Señor. Seguramente era necesario esto para que recibieran dones del Espíritu por medio de la imposición de manos, como en el caso de Timoteo (1 Timoteo 4:14). En las grandes ocasiones en la vida de la iglesia y en el ministerio, el ayuno tiene un lugar importante.

C. CLASES DE AYUNO

1. El ayuno natural

Lucas 4:2. ¿De qué se abstuvo Jesús, y qué sintió después de 40 días de ayuno?

¿Has notado que no dice que no bebió, ni que sintió sed? Normalmente, un hombre no puede sobrevivir 40 días sin beber agua. Por ello el ayuno de Jesús fue abstinencia de alimentos sólidos pero no de agua.

A esto se ha llamado el AYUNO NATURAL, y es el más apropiado para ayunos prolongados o para personas con deficiencias orgánicas o físicas.

2. El ayuno total

Es la abstención de comida y bebida. Hay varios casos de ayuno total en las Escrituras.

a. En Ester 4:16, ¿cuántos días ayunó Ester y su pueblo?

_____

b. En Hechos 9:9, ¿cuántos días estuvo Saulo de Tarso sin comer ni beber?

_____

En ambos casos, y otros más en las Escrituras, el ayuno total duró solamente 3 días, y fue hecho en circunstancias muy especiales de crisis. Es verdad que la Biblia menciona casos de ayunos totales prolongados, como el de Moisés en el monte Sinaí o el de Elías camino a Horeb, pero son casos en que sin duda hubo una intervención sobrenatural de Dios. No se debe intentar un ayuno total por más de tres días sin un motivo suficiente, y sin una clara indicación de Dios para ello.

3. El ayuno parcial

Es la abstención de cierta clase de alimentos durante un tiempo determinado, o la abstención de ciertas comidas de cada día, también durante un tiempo determinado. Encontramos algunos casos en las Escrituras:

a. En Daniel 1:12-15, ¿de qué se abstuvieron Daniel y sus amigos, y por cuántos días?

_____

b. En Daniel 10:2,3, ¿Qué no comió Daniel y por cuánto tiempo?

_____

4. La vida de ayuno

Muchos hombres y mujeres piadosas ayunan regularmente en determinados días de la semana. Otros ayunan por varios días con cierta frecuencia. Pero algunos siervos de Dios han sido instruidos por Él para vivir "vidas de ayuno", es decir, comer siempre menos de lo que el apetito demanda. Es mantener el apetito bajo dominio, lo cual significa mantener el cuerpo bajo dominio siempre. Para muchos esto es más difícil que hacer un ayuno por unos días solamente.

Este tipo de ayuno relega al ayuno natural o total a aquellas circunstancias especiales de gran necesidad espiritual, o a la intercesión por propósitos específicos.

D. CÓMO AYUNAR

Arthur Wallis en su libro *El ayuno escogido por Dios*, da varios consejos en cuanto a la forma de hacer un ayuno. Aquí van algunos de esos consejos:

1. Si nunca has ayunado antes, empieza con un ayuno parcial; la próxima vez aumenta el tiempo del ayuno, y así sucesivamente, a medida que tu organismo se va habituando al ayuno.

Cuando estés en condiciones de ayunar por un día completo sin sentirte débil o hambriento, podrás ayunar por más tiempo: tres, cinco o siete días.

2. Desde antes de empezar un ayuno, deja de beber café o té, para evitar el dolor de cabeza por la privación repentina de cafeína. Algunos recomiendan comer sólo fruta fresca el día previo al ayuno.

3. Hazte estas preguntas antes de empezar un ayuno:

   a. ¿Estoy seguro que el deseo de ayunar proviene de Dios?

   b. ¿Son correctos mis motivos?

   c. ¿Qué clase de ayuno me indica el Señor que haga?

   d. ¿Cuáles son mis objetivos espirituales para este ayuno?

   e. Voy a ministrar al Señor mediante este ayuno?

4. El tiempo de ayuno será de lucha espiritual, en que Satanás querrá desanimarte, y tu propia carne intentará convencerte de que lo rompas (se llama romper el ayuno a su terminación). Protégete con la armadura de Dios (Efesios 6) y con mucha oración y alabanza.

No te guíes por tus sentimientos para evaluar los resultados del ayuno, sino mantente en fe, confiando en que habrá bendición aún después del ayuno.

5. Al romper un ayuno, debes normalizar tus comidas en forma gradual, dando tiempo al sistema digestivo a recuperar sus funciones. Mientras más largo el ayuno, más tiempo de normalización.

E. EL AYUNO ESCOGIDO POR DIOS

El ayuno no tendrá ningún valor espiritual si no se hace con una actitud correcta. No será de bendición si no va acompañado de humildad y búsqueda de santidad.

a. ¿Qué quiso enseñar Jesús en Mateo 6:17?

_____

b. Isaías 58:3-12. ¿Qué actitudes deben acompañar al ayuno?

_____

_____

Ahora, si Dios te pone el sentir de ayunar, hazlo sin temor, sabiendo que "las armas de nuestra milicia no son carnales, sino poderosas en Dios para destrucción de fortalezas" (2 Corintios 10:4).

Memoriza el siguiente versículo

"Pero tú, cuando ayunes, unge tu cabeza y lava tu rostros, para no mostrar a los hombres que ayunas, sino a tu Padre que está en secreto; y tu Padre que ve en lo secreto te recompensará en público."

Mateo 6:17-18

Notas y comentarios

_____

_____

_____

_____

_____

SANIDAD DE LAS HERIDAS DEL ALMA

*E*l Dr. Jorge A. León (psicólogo cristiano y pastor) dice en su libro *Psicología pastoral para todos los cristianos*: "La mayoría de las enfermedades son funcionales, creadas por conflictos emocionales y espirituales. Hay una minoría que dependen de una falla de la máquina, que es el cuerpo."

Esto también es verdad en la vida espiritual. Muchas veces un verdadero creyente, sincero, que desea crecer en santidad y agradar al Señor, sin embargo experimenta conflictos y derrotas. Por más que estudia la Palabra de Dios y ora, no puede tener victoria en ciertas áreas de su vida, o le es difícil una relación armoniosa aún con los hermanos en la fe.

Estas situaciones, en muchos casos se deben a heridas del alma; y en otros a ataduras u opresiones espirituales. Vamos a ver algunos aspectos importantes de las heridas del alma, y cómo recibir sanidad divina si las tenemos; y en la próxima lección veremos el tema de las opresiones espirituales.

A. QUÉ SON HERIDAS DEL ALMA

Por los psicólogos, sabemos que nuestra mente (o alma) tiene tres niveles: lo conciente, lo subconciente y lo inconciente. Sólo entre 10 a 15% de nuestra actividad mental es conciente. El resto es subconciente o inconciente. El Dr. Jorge A. León, en el libro citado antes, explica estos niveles así:

"La conciencia es aquello que se sabe con claridad, que podemos reconocer libremente. La subconciencia es el dominio de las emociones y complejos en oposición al reino consciente de la razón. En el subconsciente suelen reinar pensamientos, sentimientos y deseos egoístas, mientras que en lo consciente suelen predominar las tendencias de carácter social. El inconsciente es el reino de los pensamientos incontrolados, que no recordamos en absoluto, pero que están activos."

Los trastornos de la personalidad se deben generalmente a traumas durante la niñez. También muchos de los conflictos del creyente tienen su origen en esos traumas, tanto de la niñez como en tiempos posteriores.

"Nada se olvida; la mente es como una inmensa grabadora; todo lo que hemos dicho, visto, oído y vivido lo tenemos dentro; está vivo y tiene poder. Por tanto se expresa y a veces nos traiciona."

Cuando nos convertimos, la influencia del Espíritu Santo y de la Palabra de Dios modifican muchos de los valores y conceptos de nuestro consciente. También empieza a sujetar al subconsciente, lo que se va acentuando en la medida que el creyente avanza en su entrega al señorío de Cristo. También puede sanar algunas de las dolencias del inconsciente.

Pero otras heridas pueden permanecer abiertas; traumas guardados en lo profundo del inconsciente que afectan la vida consciente del creyente, y por lo tanto su vida espiritual y su crecimiento en santidad. Estas son las neurosis en el lenguaje psicológico, pero que Cristo también vino a sanar:

"El Espíritu del Señor está sobre mí, por cuanto me ha ungido . . . me ha enviado a sanar a los quebrantados de corazón; a pregonar libertad a los cautivos . . . a poner en libertad a los oprimidos . . ." (Lucas 4:18).

Al considerar lo que sigue, pide al Espíritu Santo que te revele si en tu propia alma hay alguna herida no sanada, y que está frenando tu crecimiento en santidad.

B. CAUSAS DE LAS HERIDAS DEL ALMA

No siendo este un curso de psicología, quizá algunos de los conceptos o términos que emplearemos no se ajustarán estrictamente a los usuales en esa disciplina. Más bien son resultado de la experiencia de siervos de Dios que han tenido fruto en la sanidad de las dolencias del alma, y confirmadas vez tras vez en nuestra propia experiencia en este campo.

1. Traumas de la edad prenatal

Está probado que las vivencias de una madre en gestación afectan a la criatura en su vientre, y que esas emociones pueden producirle traumas. Algunas de estas emociones son:

a. Rechazo al embarazo por razones económicas; por ser fruto de una violación; por temor a perder su libertad, etc.

b. Rechazo al nacimiento por temor al dolor, por algún peligro o por cualquier otra causa.

c. Angustia, tristeza, miedo, odio, humillación, etc.

d. Sentimiento de culpa por algún pecado.

2. Traumas de la niñez

Es la edad más sensible a las experiencias traumáticas. "El niño es como el cemento fresco . . . el adulto es como el mismo cemento, pero endurecido". Algunas de las causas más comunes de traumas son:

a. Experiencias de miedo: haber quedado solo en un lugar oscuro o encerrado; haber sido mordido o amenazado por un animal; haber estado a punto de ahogarse; un incendio; etc.

b. Humillación: haber sido avergonzado por el profesor ante los demás alumnos; haber sido despreciado públicamente; algún accidente que lo ha dejado en ridículo, etc.

c. Sentimiento de rechazo porque fue dejado de lado por la llegada de un nuevo hermanito; porque nadie le hacía caso en el colegio por su aspecto físico, etc.

d. Resentimiento por falta de amor de los padres, real o supuesta; favoritismo hacia sus hermanos; ofensas, etc.

e. Haber sufrido abusos sexuales; haber sido obligado a prácticas sexuales, especialmente contra-natura.

3. Traumas de la edad adulta

Desengaños amorosos; fracasos en el trabajo; humillaciones; violaciones; experiencias homosexuales; abortos; crímenes; etc.

C. SÍNTOMAS DE DOLENCIAS DEL ALMA

Es importante pedir discernimiento al Espíritu Santo para descubrir los casos reales de dolencias del alma, pues algunos de los síntomas pueden deberse a algún pecado no renunciado, o a alguna forma de opresión por parte de espíritus malignos.

Esta no es una lista absoluta, sino de referencia. Si tienes alguno de los síntomas siguientes, es **posible** que sea debido a algún trauma.

a. Tristeza sin causa aparente; llanto continuo; llanto angustioso al ser ministrado con imposición de manos o en momentos de gran unción en un culto.

b. Rechazo a sí mismos; autoconcepto bajo; sentimiento obsesivo de culpa; dificultad para relacionarse con otros, etc.

c. Amargura; espíritu crítico; rechazo a ciertas personas; el juzgar duramente ciertos pecados; hipersensibilidad.

d. Temor obsesivo; a la oscuridad; a lugares cerrados, etc.

e. Rechazo a relaciones sexuales normales.

f. Dificultad para recibir el bautismo con el Espíritu Santo.

g. Problemas psicosomáticos (síntomas de enfermedades que no tienen una causa orgánica).

Muchas veces el Espíritu Santo revela algún problema oculto por medio del don de palabra de ciencia. Cuando esto sucede es mucho más fácil su sanidad.

D. FUNDAMENTOS BÍBLICOS PARA LA SANIDAD DEL ALMA

Ahora que esa experiencia traumática escondida en tu inconsciente ya ha sido traída a tu consciente, ya puedes apropiarte de la sanidad que Cristo ha logrado para ti en la cruz del Calvario, aplicándola específicamente al trauma causante de la herida. Veamos los fundamentos bíblicos para tu sanidad.

a. Salmo 56:8. ¿Alguno de tus sufrimientos fueron desconocidos por Dios?

b. Salmo 139:1-6. ¿Conoce Dios todas las circunstancias de tu vida, incluso las que te produjeron traumas?

_____

_____

c. Salmo 139:13-16. ¿Conocía Dios lo que tú estabas sufriendo en el vientre de tu madre?

_____

d. Salmo 147:3. ¿Qué hará Jesús con tus traumas?

_____

_____

e. Lucas 6:37. Si has guardado resentimiento contra alguien, ¿qué debes hacer para ser perdonado de ese pecado?

_____

_____

Considera que cualquier persona que te hizo daño, lo hizo porque él o ella, a su vez, tenía sus propios traumas, o era esclavo de cadenas de pecado, o aún víctima de ataduras u opresiones demoníacas que lo empujaron a hacer lo que hizo en tu contra. Rara vez una persona daña a otra intencionalmente y ejercitando su voluntad libre.

Lee Efesios 1:3-5. ¿Te das cuenta que fuiste creado por Dios con un propósito eterno? Esto significa que, a pesar de lo que te pudo suceder en tu vida temporal por causa del pecado humano, Dios siempre cumplirá su propósito glorioso para tu vida.

f. Hebreos 10:12-22; 1 Juan 1:9. Ahora que has confesado todo pecado oculto y reprimido en tu inconsciente, ¿puedes tener todavía algún sentimiento de culpa?

_____

E. PASOS PARA RECIBIR SANIDAD DE LAS HERIDAS DEL ALMA

1. Trae a la memoria, con la ayuda del Espíritu Santo, las experiencias que produjeron traumas en tu alma, y los sentimientos negativos que produjeron en ti en ese momento.

2. Renuncia a esos sentimientos negativos, nombrándolos: temor, resentimiento, angustia, ira, vergüenza, humillación, etc.

3. Perdona de corazón a toda persona que te hizo daño, mencionándola por nombre, y mencionando la acción específica que causó el trauma.

4. Pide perdón a Dios por cada sentimiento negativo; recibe su perdón y perdónate a ti mismo, creyendo y confesándolo con tu boca (Romanos 10:10).

5. Reconoce y confiesa en oración que Jesús sufrió todas las heridas de tu alma, y murió en la cruz llevándolas por ti.

6. Pídele que sane esas heridas con el ungüento del Espíritu Santo, y cree de corazón que tu alma es sanada en ese instante por el poder de Dios (Marcos 11:24).

7. ¡Dale gracias por tu sanidad y alaba al Señor porque ahora eres libre!
   Y podrás avanzar mucho mejor en tu crecimiento espiritual, y HACIA UNA SANTIDAD PRÁCTICA.

Pero si piensas que las heridas en tu alma son muchas o muy profundas, o si no has podido descubrir las raíces de tu conflicto emocional o espiritual, busca la ayuda de tu pastor o de algún hermano o hermana con conocimientos sobre este tema, porque en este caso es necesario que alguien te ayude a hurgar en tu inconsciente, y te ministre la sanidad divina para esas dolencias de tu alma (Marcos 16:17-18; Santiago 5:16).

Memoriza los siguientes versículos

"Detrás y delante me rodeaste, y sobre mí pusiste tu mano."

Salmo 139:5

"El Espíritu del Señor está sobre mí, por cuanto me ha ungido para dar buenas nuevas a los pobres; me ha enviado a sanar a los quebrantados de corazón; a pregonar libertad a los cautivos, y vista a los ciegos; a poner en libertad a los oprimidos."

Lucas 4:18

Notas y comentarios

_____

_____

_____

_____

_____

Lección 9

LIBERACIÓN DE OPRESIONES MALIGNAS

En la lección 6 aprendimos cómo, vistiéndonos la armadura de Dios, podemos vencer las tentaciones de Satanás y sus huestes. Vamos a considerar en esta lección algo más sobre esas huestes espirituales. Veremos algunas maneras en que oprimen al ser humano, pero también cómo podemos ser victoriosos y libres de esas opresiones malignas.

a. En Mateo 9:35 se mencionan tres de los ministerios de Jesús, ¿cuáles son?

_____

b. En Mateo 8:16, ¿cuál es el cuarto ministerio de Jesús?

_____

_____

c. En Lucas 4:18, Jesús fue ungido para poner en libertad a los

_____

d. En Hechos 10:38, ¿a quiénes sanó Jesús?

_____

Vemos que parte importante del ministerio de Jesús fue el de liberar a los oprimidos por el diablo. Los demonios son seres espirituales, personalidades invisibles que, habiéndose rebelado contra su Creador, y habiendo sido destituidos de sus privilegios como seres angélicos al servicio de Dios, tratan por todos los medios de someter a los seres humanos a su dominio, para ser él su "dios".

Una de las maneras en que Satanás ha dañado a la raza humana a lo largo de los siglos, ha sido por medio de lo que llamamos **opresiones malignas**, es decir, acciones directas de espíritus malignos sobre la mente o el cuerpo de los seres humanos.

A. CÓMO SE MANIFIESTAN LAS OPRESIONES MALIGNAS

Hay diversos grados de opresiones malignas. Como estamos tratando de fenómenos espirituales ligados muchas veces a manifestaciones psicológicas, los términos usados para identificarlos pueden variar, y la línea de separación entre ellos es a veces tan sutil, que algunos casos pudieran ser ubicados en dos o más de las clasificaciones. Sin embargo, la enseñanza bíblica y la experiencia de la iglesia nos muestran en líneas generales los siguientes grados de opresión por parte de espíritus demoniacos.

1. Influencia demoniaca

Dice el Dr. Merryl F. Unger en su libro *Los Demonios y el mundo moderno*: "Algunas personas no salvas que viven una vida moral equilibrada, sólo reciben moderadamente la influencia de los espíritus demoniacos, mientras que otras, que desprecian las leyes morales de Dios, reciben una influencia muy severa hasta que se someten a ellas."

Los espíritus demoniacos trabajan con nuestra mente, ejerciendo su influencia para que hagamos cosas contrarías a la ley de Dios; para disuadirnos de orar o leer la Palabra de Dios; para no asistir a los cultos para adorar a Dios, para crear conflictos entre hermanos en Cristo, etc.

2. Ataduras

Sigue diciendo el Dr. Unger: "Cuando se hace caso omiso de la ley moral de Dios de un modo consciente y persistente, la influencia demoniaca puede transformarse en sometimiento a los demonios".

Así, lo que comenzó como un pecado, se convierte en una atadura espiritual, en la que los demonios exacerban y aumentan la esclavitud a esos pecados, anulando prácticamente la voluntad de la persona.

3. Opresiones

"La esclavitud a los demonios alcanza a veces un punto en el cual los espíritus demoniacos acosan y atormentan a sus víctimas".

Estas opresiones pueden consistir en voces, obscenidades y otros fenómenos llamados poltergeist; apariciones de espíritus o fantasmas; ataques de mordeduras, golpes, etc. de parte de espíritus demoniacos, y las formas más repugnantes: el íncubo y el súcubo, la agresión sexual por parte de espíritus a mujeres y hombres respectivamente.

Otra forma de opresiones son las enfermedades causadas por espíritus de enfermedad, las cuales son verdaderas opresiones al cuerpo, que no pueden ser sanadas por medios naturales. Pueden ser dolores de cabeza o de otras partes del cuerpo; ataques de asma; síntomas de cualquier otra enfermedad, y aún el ir secándose hasta la muerte.

¿Qué males causaban los demonios en los siguientes casos?:

a. Mateo 9:32-33:

_____

b. Mateo 12:22:

_____

c. Mateo 17:14-18:

_____

4. Posesión

"En la posesión demoniaca, que es una forma extrema de esclavitud y opresión, las anormalidades en el habla y en el comportamiento aparecen de un modo muy acentuado, con manifestaciones físicas violentas . . . El espíritu demoniaco toma un control tan completo, que se apropia del cuerpo de la víctima y habla por medio de ella con su propia voz, e idioma que puede ser totalmente distinto al idioma del endemoniado".

Un creyente puede sufrir influencias, ataduras y opresiones, pero no puede ser poseído totalmente, aunque sí en forma parcial y temporal, cuando el o los espíritus han entrado a su vida antes de su conversión.

Recordemos que somos espíritu, alma y cuerpo. Dios ha dado vida a nuestro espíritu, y éste es el asiento del Espíritu Santo de Dios. Pero nuestra alma y nuestro cuerpo no han sido regenerados todavía, y pueden en algunos casos seguir siendo víctimas de los espíritus que entraron en su vida antes del nuevo nacimiento.

B. CAUSAS DE LAS OPRESIONES MALIGNAS

1. El pecado

Al considerar las ataduras hemos visto ya cómo la práctica del pecado abre la puerta a espíritus demoniacos. Tenemos un ejemplo en el libro de los Hechos.

Hechos 5:3. ¿Qué pecado abrió la puerta a Satanás en las vidas de Ananías y Safira?

_____

2. Traumas en la edad pre-natal y la niñez

En la lección anterior vimos cómo traumas de la niñez producen heridas en el alma. Añadiremos ahora que muchos de esos traumas también pueden abrir la puerta a espíritus malignos.

3. Por herencia

Cuando los padres o antepasados han practicado alguna forma de ocultismo, o han sufrido ataduras u opresiones malignas graves, es posible que los espíritus que los oprimían pasen a los descendientes. En Éxodo 20:2-5, el pecado contra el primer mandamiento trae consecuencias hasta la tercera y cuarta generación; y toda forma de ocultismo, herejías, o conducta que desafía el señorío de Dios sobre nuestra vida, son pecados contra el primer mandamiento.

4. Por contacto con ocultismo o cultos falsos

Veremos esto con más detalle más adelante.

5. Por abusos sexuales

Los espíritus de sexo pueden pasar de una persona a otra por la relación sexual pecaminosa, por una violación o por una práctica homosexual.

C. DIAGNÓSTICO DE LAS OPRESIONES MALIGNAS

Frank e Ida Mae Hammond, ex-pastores bautistas bautizados con el Espíritu, con una sólida formación académica y amplia experiencia en el ministerio de liberación, nos dan dos maneras de saber cuándo una persona puede estar sufriendo de opresiones malignas.

1. Por medio del don de discernimiento de espíritus

Este es uno de los nueve dones del Espíritu mencionados en 1 Corintios 12:10, por medio del cual, en forma sobrenatural, el Espíritu Santo revela la presencia de espíritus demoniacos en una persona.

2. Por la observación de síntomas

Es decir, la observación de los efectos que los espíritus están causando, y que no pueden ser controlados a pesar de la fe y oración del creyente afectado. Algunos de estos síntomas son los siguientes:

a. **Problemas emocionales.** Disturbios emocionales persistentes, tales como resentimiento, odio, ira, rechazo, autocompasión, celos, depresiones, etc.

b. **Problemas mentales.** Pensamientos obsesivos; pensamientos obscenos, impulsos de blasfemar, falta de decisión, confusión, dudas, racionalización, pérdida de memoria, etc.

c. **Problemas del habla.** Uso descontrolado de la lengua como es el mentir, blasfemar, maldecir, críticas, murmuración, burlas, etc.

d. **Problemas sexuales.** Impulsos incontrolables hacia las fantasías sexuales, lujuria, masturbación, perversiones sexuales, fornicación, adulterio, incesto, afán obsesivo de seducción, prostitución, etc.

e. **Adicciones.** La nicotina, el alcohol, drogas, medicinas, cafeína o la gula. (Sin descartar la posibilidad de dependencia orgánica en algunos casos).

f. **Herejías.** El participar en errores religiosos heréticos: religiones paganas y orientalistas como el Mahi-Kari, Hare Krishna, etc.; religiones seudo-cristianas como el mormonismo, los Testigos de Jehová, la Ciencia Cristiana, etc. ciencias mentales (control mental, meditación trascendental); filosofías esotéricas como el rosacrucismo, masonería, etc.; algunas prácticas como el yoga, las artes marciales.

g. **Ocultismo**. El participar en cualquier forma de ocultismo puede haber abierto puertas para la opresión maligna: curanderismo, brujería, espiritismo, horóscopos, adivinación, la ouija, astrología, supersticiones, uso de amuletos, culto a los muertos, cultos satánicos, invocaciones a Satanás, magia negra o blanca, etc.

Lee Dt 18:9-13. ¿Cómo califica Dios todas las prácticas ocultistas?

---

h. **Brujería por terceros**. La brujería es parte de la cultura de muchos pueblos. Aunque no faltan los charlatanes, también existen los verdaderos brujos que actúan con los poderes del diablo, y que llegan a producir opresiones malignas y aún la muerte. No se debe menospreciar la posibilidad de haber sido objeto de algún daño, brujería o maldición, por parte de terceras personas.

D. FUNDAMENTOS BÍBLICOS PARA LA LIBERACIÓN

Uno de los ministerios de Jesús fue el liberar a los oprimidos por el diablo, pero ello no quedó limitado a su ministerio terrenal, sino que ha encargado a su iglesia continuar con ese ministerio, y la ha capacitado para ello.

a. Mateo 10:8. ¿Qué ordenó Jesús que hicieran sus discípulos?

---

b. Marcos 16:17. ¿Qué señales seguirán a los que creen?

---

c. Lucas 10:19. ¿Qué autoridad (potestad) nos ha dado Jesús?

---

d. Filipenses 2:9-11. ¿Por qué el nombre de Jesús es un arma poderosa contra las opresiones malignas?

_____

_____

e. Colosenses 2:15. ¿Sobre quiénes ha triunfado Jesús en la cruz?

_____

f. 1 Juan 3:8. ¿Para qué ha venido Jesús (el Hijo del Hombre)?

_____

g. Apocalipsis 12:11. ¿Cuáles son las dos armas con las que los redimidos vencen a Satanás?

_____

Vemos que Dios nos ha dado la autoridad suficiente para enfrentar las opresiones del diablo. Esa autoridad está en el nombre de Jesús y en el poder de su sangre. Con estas armas somos "más que vencedores", como dice el apóstol Pablo.

E. RECIBIENDO LIBERACIÓN DE LAS OPRESIONES MALIGNAS

Si al estudiar esta lección piensas que puedes estar sufriendo alguna opresión maligna, busca la ayuda de tu maestro o pastor. Si por alguna razón esto no es posible, puedes dar los siguientes pasos para ser libre de esas opresiones:

1. Ora pidiendo que el Espíritu Santo te revele las cosas en tu vida que pudieron abrir la puerta a espíritus de opresión.
2. Confiesa a Dios específicamente los pecados que el Espíritu Santo te revele, y aprópiate por fe del perdón por la sangre de Jesús, manifestándolo verbalmente.
3. Renuncia verbal y específicamente a esos pecados, y a cada práctica ocultista o culto falso, y a todo poder de las tinieblas, en el nombre de Jesús.

4. Perdona, renunciando a todo resentimiento, mencionando específicamente a las personas y la razón por la cual estuviste resentido
contra ellas.

5. Deslígate de todo espíritu maligno que haya estado en tus antepasados, diciendo más o menos así: "En el nombre de Jesús, me desligo
de los espíritus de . . . en mis padres (o abuelos) y en mis antepasados hasta la cuarta generación". Deslígate de todo daño, brujería o
maldición, hecho contra ti mismo o contra tus padres, en el nombre
de Jesús.

6. Destruye todo objeto relacionado con el ocultismo o cultos falsos;
libros, cartas, amuletos, etc.

7. Habiendo hecho todo lo anterior, haz la oración de liberación, con
fe en la autoridad que Cristo te ha dado, dirigiéndote directamente
a los espíritus que están causando la opresión, ordenándoles que
salgan, y rompiendo las opresiones y ataduras en el nombre de Jesús,
con toda firmeza y fe, y con plena confianza en tu victoria y
liberación.

8. Reafirma tu pertenencia y fidelidad a Cristo.

9. ¡Alaba a Dios y dale gracias por hacerte libre!

La liberación es un proceso, y puedes necesitar más de una sesión
de liberación. Pero es muy importante que te mantengas en comunión
con Dios, "llenando la casa" de tu vida con oración y con la Palabra de
Dios, para conservar esa liberación. Lee Mateo 12:43-45. Si percibes
que tu problema puede ser muy profundo, no vaciles en buscar la ayuda
de un pastor o hermano con experiencia en el ministerio de liberación.

Y ahora, aplica lo que dice Santiago 4:7: "RESISTID AL DIABLO,
Y EL HUIRÁ DE VOSOTROS" . . .

Memoriza los siguientes versículos

"He aquí os doy potestad de hollar serpientes y escorpiones, y sobre
toda fuerza del enemigo, y nada os dañará."

Lucas 10:19

"Por lo cual Dios también le exaltó hasta lo sumo, y le dio un nombre
que es sobre todo nombre, para que en el nombre de Jesús se doble

toda rodilla de los que están en los cielos, y en la tierra, y debajo de la tierra; y toda lengua confiese que Jesucristo es el Señor, para gloria de Dios Padre."

Filipenses 2:9-11

Notas y comentarios

_____

_____

_____

_____

_____

Lección 10

SANTIDAD EN LAS RELACIONES INTERPERSONALES

*L*legamos a nuestra última etapa en esta aventura HACIA UNA SANTIDAD PRÁCTICA EN EL DISCIPULADO. Hemos aprendido algo de nuestra naturaleza triple, y ya conocemos algunos aspectos importantes de la santidad, que incluyen nuestro cuerpo, alma y espíritu.

Conocemos la armadura de Dios para tener victoria sobre las tentaciones y las acechanzas del diablo, y la gran ayuda que significa el ayuno como disciplina en nuestra vida. Hemos visto también el privilegio que tenemos como hijos de Dios de recibir sanidad para nuestros cuerpos, así como la sanidad de nuestra alma y liberación de toda opresión maligna.

Es hermoso poder vivir en victoria y agradando a nuestro Dios, quien "nos escogió en él (Cristo) antes de la fundación del mundo, para que fuésemos santos y sin mancha delante de él, en amor habiéndonos predestinado para ser adoptados hijos suyos por medio de Jesucristo, según el puro afecto de su voluntad, para alabanza de la gloria de su gracia" (Efesios 1:4-6).

Pero la santidad no es algo personal o individual solamente, o sólo en nuestra relación con Dios, sino que debe ser también una realidad en nuestra relación con los demás. Dios nos dice en 1P 1:15: "Sed también vosotros santos en toda vuestra manera de vivir". Y esto incluye nuestro trato con todas las demás personas. Por ello el título de esta lección.

Vamos a ver, pues, a la luz de la Palabra de Dios, cómo vivir una santidad práctica en las relaciones más importantes de nuestra vida cotidiana.

A. SANTIDAD PRÁCTICA EN LA IGLESIA

El hecho de llamarnos con tanta frecuencia "hermanos" en la iglesia, puede hacer que perdamos conciencia de la profundidad de nuestra relación como miembros del cuerpo de Cristo. A pesar de todos los defectos que podamos tener, y los errores que podamos cometer, somos hijos de un mismo Padre, tenemos un mismo Salvador, somos templo del mismo Espíritu Santo, y tenemos el mismo destino eterno: la gloria con Dios.

Apocalipsis 22:3-4 dice acerca de la Nueva Jerusalén, la ciudad celestial: "y el trono de Dios y del Cordero estará en ella, y sus siervos le servirán, y verán su rostro, y su nombre estará en sus frentes". ¡Hermoso cuadro de todos los redimidos, los que nos llamamos hermanos ahora, viendo su rostro, y unidos por el mismo nombre precioso de Jesús!

¿Cómo vivir una santidad práctica en nuestra relación con nuestros hermanos en Cristo? Según los textos siguientes, cómo debemos actuar con ellos?

a. Romanos 12:10:

_____

b. Romanos 12:16:

_____

c. Romanos 13:8:

_____

d. Romanos 14:13:

_____

e. Gálatas 5:13:

_____

f. Gálatas 5:26:

_____

g. Efesios 4:2:

_____

h. Efesios 4:25:

_____

La santidad no es misticismo, sino algo profundamente práctico. No es tener una aureola sobre la cabeza, sino vivir el amor a Dios amando a nuestros hermanos de una manera real. En 1 Juan 4:20,21 Juan lo resume muy bien. Léelo.

B. SANTIDAD PRÁCTICA EN LA FAMILIA

El segundo lugar donde debemos vivir en santidad es en nuestra familia. Estamos en la iglesia sólo algunas horas a la semana, pero convivimos con la familia mucho más tiempo. El pastor y los hermanos no conocen muchas áreas de nuestra intimidad. Pero nuestra familia sí, y no podemos engañarlos.

La Palabra de Dios nos muestra la importancia de la familia al usarla como símbolo de la relación entre Cristo y su iglesia. En Efesios 5:31-32 leemos: "Por esto dejará el hombre a su padre y a su madre, y se unirá a su mujer, y los dos serán una sola carne. Grande es este misterio; mas yo digo esto respecto de Cristo y de la iglesia".

Veamos las normas divinas para vivir una santidad práctica en nuestras relaciones familiares. Anota los mandatos para cada miembro de la familia en los siguientes textos, examinándote a ti mismo con toda honestidad, y pidiendo a Dios que te ayude a corregir aquello en que estás fallando:

a. Deuteromio 6:5-9:

_____

b. Efesios 5:22-24:

_____

c. Efesios 5:25-28:

_____

d. Efesios 6:1-3:

_____

_____

En el matrimonio cristiano no hay lugar para machismos o feminismos, sino el reconocimiento de dos funciones diferentes y complementarias. La responsabiidad que Dios ha dado al hombre implica autoridad, pero autoridad en amor y respeto. No autoritarismo. Pedro añade en 1 Pedro 3:7:

"Vosotros, maridos, igualmente, vivid con ellas sabiamente, dando honor a la mujer como a vaso mas frágil, y como a coherederas de la gracia de la vida, para que vuestras oraciones no tengan estorbo". ¿Caben los maltratos a la esposa?.

e. Efesios 6:4; Colosenses 3:21:

_____

_____

f. Colosenses 3:19; 1 Pedro 3:7:

_____

_____

g. 1 Corintios 7:3-5:

_____

h. 1 Timoteo 5:4:

_____

e. 1 Timoteo 5:8:

_____

Aunque los textos que hemos visto no son exhaustivos en cuanto a todas las relaciones posibles dentro de la familia, sí nos dan una idea bastante completa de cómo debe ser nuestro comportamiento dentro de ella.

El dicho popular dice: "La caridad comienza por casa". Todo lo que la Palabra de Dios nos enseña en cuanto a nuestro trato con los hermanos en Cristo, debe ser, con mayor razón, una realidad en nuestro trato con los miembros de nuestra familia.

C. SANTIDAD PRÁCTICA EN EL TRABAJO

El hijo de Dios está en el mundo aunque no pertenece a él, y el trabajo como medio de subsistencia es parte de la vida en el mundo. Jesús dijo: "Vosotros sois la sal de la tierra . . . la luz del mundo" (Mateo 5:13-14). La sal sirve para preservar de corrupción, así como para dar sabor. La luz ahuyenta las tinieblas.

Igualmente la vida del hijo de Dios debe ser tal, que combata la corrupción en el mundo, dé un sabor distinto a la vida de aquellos con quienes tiene relación, y ahuyente las tinieblas que imperan en el mundo, especialmente en el mundo del trabajo, sea éste profesional, comercial, o de cualquier otra índole, y aunque signifique no ser bien visto por los demás (Juan 15:18-19).

Resume en pocas palabras la enseñanza de la Palabra de Dios en cada uno de los pasajes siguientes:

a. Deuteronomio 24:14-15:

_____

b. Proverbios 20:10:

_____

c. Proverbios 20:21:

_____

d. Proverbios 28:6:

_____

e. Efesios 4:28:

_____

f. Efesios 6:5-9:

_____

_____

g. 1 Tesalonicenses 4:11-12:

_____

h. 2 Tesalonicenses 3:11-12:

Ante las presiones del mundo mercantilista en que vivimos, con sus normas éticas tan relativistas y rebajadas, es bueno recordar la amonestación de Dios a Jeremías: "Conviértanse ellos a ti, y tú no te conviertas a ellos. Y te pondré como muro fortificado de bronce, y pelearán contra ti, pero no te vencerán; porque yo estoy contigo para guardarte y para defenderte, dice Jehová. Y te libraré de la mano de los malos, y te redimiré de la mano de los fuertes" (Jeremías 15:19-20).

D. SANTIDAD EN TODAS LAS RELACIONES INTERPERSONALES

¿Recuerdas 1 Pedro 1:15?: "Sed también vosotros santos en toda vuestra manera de vivir". La santidad es el resultado de la obra regeneradora del Espíritu Santo en nosotros, más la respuesta de nuestro ser en obediencia a sus impulsos, por gratitud y amor ante su gran amor.

Es un principio de vida que debe reflejarse en todas nuestras relaciones interpersonales, y no solamente en la iglesia, la familia y el trabajo. Por ejemplo:

1. Debemos vivir una santidad práctica en nuestras relaciones con compañeros de estudios, maestros o alumnos. ¿Es correcto que un hijo de Dios "copie" en un examen? ¿O que le "sople" a un compañero?. ¿Que un maestro cristiano sea injusto?

2. Debemos vivir una santidad práctica en las relaciones con nuestros amigos, siendo leales para con ellos.

3. Los jóvenes deben vivir una santidad práctica en sus relaciones con el sexo opuesto, no buscando "aventuras" o "pasar el rato", sino con un profundo respeto a la santidad del sexo y del matrimonio, buscando la dirección de Dios y su aprobación por encima de los impulsos de las emociones. Dios dijo siglos atrás: "Engañoso es el corazón más que todas las cosas" y Pablo aconsejó a Timoteo: "Huye también de las pasiones juveniles" (2 Timoteo 2:22).

Todo esto es posible porque Dios te ha dado el poder por su Espíritu Santo. La oración, la meditación en la Palabra y el ejercicio de tu fe y voluntad te permitirán vivir en esa santidad práctica que tu espíritu anhela, y Dios anhela para ti.

Memoriza los siguientes versículos

"Mas ahora que habéis sido libertados del pecado y hechos siervos de Dios, tenéis por vuestro fruto la santificación, y como fin, la vida eterna."

Romanos 6:22

"Sino, como aquel que os llamó es santo, sed también vosotros santos en toda vuestra manera de vivir."

1 Pedro 1:15

Notas y comentarios

_____

_____

_____

_____

_____

Discipulado

Hacia la madurez cristiana

Humberto Lay

Índice

INTRODUCCIÓN

L legamos al último trimestre de este primer año con la Palabra de Dios, año en el cual has estado echando bases sólidas sobre los cuales podrás construir tu vida cristiana. En las lecciones que siguen encontrarás principios fundamentales en tu avance HACIA LA MADUREZ EN EL DISCIPULADO.

La vida cristiana debe ser un continuo desarrollo a semejanza de la vida física. La diferencia entre ambas es que la primera llega a un punto máximo de crecimiento, después del cual comienza a decaer y morir; mientras que la vida espiritual puede y debe continuar creciendo indefinidamente.

El discipulado es un continuo progresar hacia la madurez espiritual, por medio de la cual tu vida dé los mejores frutos para gloria de Dios.

Hebreos 6:1 dice: "Por tanto, dejando ya los rudimentos de la doctrina de Cristo, vamos adelante a la perfección . . ."

Filipenses 3:12-14 dice: "No que lo haya alcanzado ya, ni que ya sea perfecto (maduro); sino que prosigo, por ver si logro asir aquello para lo cual fui también asido por Cristo Jesús. Hermanos, yo mismo no pretendo haberlo ya alcanzado; pero una cosa hago: olvidando ciertamente lo que queda atrás, y extendiéndome a lo que está delante, prosigo a la meta, al premio del supremo llamamiento de Dios en Cristo Jesús"

Dios es fuente inagotable de amor y bendiciones. Su Palabra es fuente inagotable de revelación y sabiduría. La vida cristiana es inagotable en cosas nuevas, descubrimientos, emociones. Pero por sobre todas las cosas, es el continuo beber de esa fuente inagotable de amor, bendiciones, revelación y sabiduría, que es Dios mismo, lo que nos va llevando a la madurez.

En la Biblia los conceptos de madurez y perfección son sinónimos. La perfección que Dios demanda a sus hijos no es la ausencia de imperfección, porque ello es una cualidad que sólo El la puede tener. Pero sí demanda el caminar constantemente hacia esa perfección. La madurez es llegar a esa estabilidad en la dirección de nuestra vida, tal como lo afirma Pablo en Efesios 4:13-15, en que describe el fruto del ministerio de la Iglesia como el lograr que "todos lleguemos a la unidad de la fe y del conocimiento del Hijo de Dios, a un varón perfecto, a la medida de la estatura de la plenitud de Cristo; para que ya no seamos niños fluctuantes, llevados por doquiera de todo viento de doctrina, por estratagema de hombres que para engañar emplean con astucia las artimañas del error, sino que siguiendo la verdad en amor, crezcamos en todo en aquel que es la cabeza, esto es, Cristo".

Esta es la propuesta de Dios para ti y para mí. Y lo más hermoso es que . . .nos ha dado los recursos para lograrlo: su Espíritu Santo en nosotros, su Palabra revelada, y abundancia de su gracia y amor.

Dios te bendiga.

Cómo estudiar este libro

Es recomendable estudiarlo en grupos de 8 a 12 personas como máximo.

El alumno debe estudiar la lección personalmente durante la semana, pidiendo en oración que el Espíritu Santo le ayude a comprender las verdades de la Palabra de Dios; leyendo y meditando los textos indicados y respondiendo las preguntas que se le hacen, y orando finalmente para que esa Palabra se haga parte de su ser y moldee su vida.

Una vez por semana se reunirán con un maestro o tutor, quien dirigirá la discusión de la lección, permitiendo en lo posible la intervención de todos los alumnos; aclarando conceptos y guiando a conclusiones prácticas para la vida.

En cada sesión se puede dar testimonio de situaciones concretas en las que lo estudiado fue de bendición para cada uno de ellos, a fin de enriquecer la enseñanza con experiencias de la vida diaria.

Obedece a Dios cada momento. "El que tiene mis mandamientos, y los guarda, ése es el que me ama; y el que me ama, será amado por mi Padre, y yo le amaré, y me manifestaré a él" (Juan 14:21).

Habla a otros de lo que Cristo ha hecho y hace por ti. Comparte con otros del maravilloso amor de Dios, que también es para ellos.

Lección 1

LAS DEMANDAS DEL DISCIPULADO

E l cristianismo genuino no es sólo asistir a los cultos y gozarse en la alabanza y adoración a Dios, ser testigos o participantes en sanidades y milagros, orar en lenguas y gozarse al ver los dones del Espíritu funcionando en un culto, y escuchando un hermoso sermón.

¿Recuerdas que vimos en Efesios 4:11-16, cómo Dios ha dado a su iglesia los dones del ministerio? ¿Recuerdas para qué fueron dados?: "a fin de perfeccionar a los santos para la obra del ministerio . . ."

Este perfeccionamiento, este continuo crecimiento en el conocimiento de Cristo tiene una meta: llegar a "la estatura de la plenitud de Cristo". Pero, avanzamos a esa meta haciendo "la obra del ministerio". Es decir, sirviéndole en un compromiso absoluto, porque le hemos reconocido como nuestro Señor, y ese compromiso nos lleva al DISCIPULADO, que tiene demandas muy claras para nosotros.

El énfasis humanista y materialista de nuestro tiempo ha hecho que, consciente o inconscientemente, los cristianos hayamos olvidado las demandas del Señor Jesús. Los rezagos de egoísmo de nuestra "carne" nos impulsan a recibir, recibir y recibir bendiciones, pero no a dar.

Además, con frecuencia cedemos ante las presiones y "cantos de sirena" del mundo, y llegamos a pensar que no nos hace daño un poco de ese "mundo", o que tenemos derecho a ello.

Pero el precio de nuestra salvación: la muerte de Cristo y el inmenso amor de Dios demostrado en la cruz del Calvario, no pueden tener otra respuesta que la entrega de "todo nuestro ser: espíritu, alma y cuerpo" (1 Tesalonicenses 5:23).

Veamos, pues, en la Palabra de Dios, las demandas que Jesús nos plantea como discípulos suyos:

A. AMAR A DIOS SOBRE TODAS LAS COSAS

1. Lee Marcos 12:30-31. ¿Cuál es el primer mandamiento de Dios?

_____

_____

2. Lee Lucas 14:26. ¿Cuál es la condición para ser discípulo de Jesús?

_____

_____

Estas palabras tan duras, hay que entenderlas en el contexto de la cultura hebrea y sus giros lingüísticos. La Palabra de Dios no puede contradecirse, y si tomamos literalmente este pasaje, estaría en conflicto con el mandamiento de Dios de amar a padre y madre.

La explicación es que este hebraismo significa sólo que el amor de un discípulo de Jesús por él debe ser tan grande, que su amor por sus familiares más cercanos podría compararse con el aborrecimiento.

B. AMOR POR LOS HERMANOS

1. En Juan 13:35, ¿cuál es la credencial del discipulado cristiano?

_____

_____

2. Romanos 13:8. ¿Cuál es la deuda que nunca terminamos de pagar?

_____

3. 2 Corintios 12:15. ¿Cómo amaba Pablo a los hermanos?

_____

_____

Esta es una demanda clarísima del Señor a sus discípulos, consecuencia lógica del segundo gran mandamiento: "Amarás a tu prójimo como a ti mismo" (Mateo 22:39), y considerando que nuestros hermanos en la fe son los más próximos, perdonados por la misma sangre, renacidos por el mismo Espíritu, y compañeros de peregrinaje hacia la eternidad.

C. DISPOSICIÓN PARA EL SERVICIO

La tercera demanda de Jesús es una disposición plena al servicio a Dios y a los hermanos. Un discípulo es más que un "creyente". Es un servidor, o en palabras de Pablo en todas sus epístolas: "siervo de Dios", ("siervo" es traducción del griego doulos, que significa esclavo).

1. Mateo 20:25-28. ¿En qué consiste la grandeza en el discipulado cristiano?

_____

2. Juan 13:13-17. ¿Qué ejemplo nos ha dejado Jesús?

_____

_____

3. Gálatas 5:13. ¿Cómo debemos servirnos los unos a los otros?

_____

_____

D. OBEDIENCIA AL SEÑOR

1. Según Juan 8:31, ¿cuál es otra condición para ser verdaderos discípulos de Jesús?

_____

_____

2. Lee Lucas 6:46-49. Cuál es la queja de Jesús contra algunos de sus discípulos?

_____

_____

3. ¿Qué resultado produce el oir las palabras de Jesús y obedecerlas?

_____

_____

Si creemos en Cristo y le amamos, debemos obedecerle, de la misma manera en que creemos en nuestros padres y les obedecemos porque les amamos, aunque no tengamos otra prueba tangible de que lo sean realmente, sino sólo nuestro instinto filial (fe), y nuestra gratitud por sus cuidados y amor.

La desobediencia fue un ingrediente básico en el pecado de Adán, y es uno de los rasgos que más resalta de la naturaleza humana caída. Por eso Dios demanda obediencia a los que le aman, lo cual debe ser un rasgo característico en sus vidas, y especialmente en los que quieren ser genuinos discípulos del Señor. Fe y obediencia siempre deben ir juntas.

E. UNA VIDA FRUCTÍFERA

Una de las necesidades fundamentales del ser humano es el vivir una vida útil, con propósito y trascendencia. Lamentablemente la mayoría de las personas llegan a la ancianidad y a la muerte sin haber visto satisfecha esta necesidad, porque todos los logros o "frutos" en la vida, separados de Dios, son temporales y no trascienden a la eternidad. Es por esto que la ancianidad, en la mayoría de los casos, es símbolo de frustración, tristeza y decepción de la vida, porque uno de los anhelos más fuertes: el de una vida fructífera, ha quedado insatisfecho.

Dios, en su amor por su criatura, y sabiendo lo que necesitamos, no solamente nos permite tener una vida fructífera, sino que de hecho lo demanda de sus discípulos, no porque El necesite de nosotros, sino porque nosotros lo necesitamos.

1. Lee Juan 15:1-8. Según el v.8, ¿cuál es la demanda de Dios para ser verdaderos discípulos de Jesús?

_____

2. ¿Qué cantidad de fruto demanda Dios de nuestra vida?

_____

3. El concepto de frutos en la vida del discípulo es muy amplio. Lee los siguientes pasajes, y anota qué cosas pueden ser los frutos que Jesús demanda, orando que Dios te revele si están faltando en tu vida, y pidiéndole que te ayude a abundar en ellos:

a. Juan 4:34-36:

_____

_____

b. Romanos 6:22:

_____

_____

c. 2 Corintios 9:7-11:

_____

_____

d. Gálatas 5:22-23:

_____

_____

e. Filipenses 1:9-11:

_____

_____

f. Colosenses 1:10:

_____

_____

g. Tito 3:14:

_____

h. 2 Pedro 1:8

_____

_____

F. SUJECIÓN A LA DISCIPLINA DE LA IGLESIA

En el Nuevo Testamento hay dos palabras griegas relacionadas con el discipulado:

mathetes, que significa aprendiz, discípulo, uno que aprende con esfuerzo de su maestro (Mateo 9:14; 10:1), y

paideía, que significa enseñar, discipular, incluyendo corrección y castigo (Hechos 7:22; Hebreos 12:6-10; 2 Timoteo 3:16).

Por lo tanto, todo discípulo es un aprendiz, que debe ser instruído y corregido con firmeza, si es necesario, como parte del proceso de discipulado. La disciplina, pues, hay que entenderla como algo necesario para nuestro crecimiento espiritual, como una ayuda en nuestro anhelo de llegar a ser semejantes a Cristo, y como expresión del amor de Dios por medio de la Iglesia a cada hijo suyo.

1. Lee Hebreos 12:5-11. ¿Por qué no debemos menospreciar la disciplina del Señor?

_____

_____

2. Según el v.10, ¿para qué somos disciplinados?

_____

_____

3. ¿Cuál es la promesa si nos sometemos a la disciplina del Señor, aunque sea dolorosa?

_____

_____

Memoriza el siguiente versículo

"En esto es glorificado mi Padre, en que llevéis mucho fruto, y seáis así mis discípulos."

Juan 15:8

Notas y comentarios

_____

_____

_____

_____

_____

Lección 2

EL COSTO DEL DISCIPULADO

Vimos en la lección anterior cinco demandas que el Señor Jesucristo plantea a los que quieren ser verdaderos discípulos suyos. ¿Puedes recordarlas?

1. _____
2. _____
3. _____
4. _____
5. _____
6. _____

Pues bien, poder cumplir con esas demandas tiene un costo, que no consiste en dinero, sino en nuestra propia vida.

Alguien ha dicho: "Él (Cristo) busca . . . no multitudes que van a la deriva y sin propósito en su senda, sino hombres y mujeres que . . . se consagran a su servicio, por haber reconocido que Él necesita personas dispuestas a seguir en el sendero de la negación personal por el que Él caminó primero".

Veamos algunos aspectos del COSTO DEL DISCIPULADO:

A. DISPOSICIÓN AL SUFRIMIENTO POR CAUSA DE CRISTO

Jesús fue rechazado y crucificado aunque vino a este mundo para salvarnos del pecado y la condenación. Pero no solamente fue rechazado cuando estuvo en la tierra, sino que sigue siendo rechazado hasta hoy por una gran mayoría, aunque puedan ver evidencias de su poder salvador, sanador y transformador.

De esa mayoría, muchos se oponen a los cristianos manifestando, en forma disimulada en algunos casos y en otros abierta y violentamente, su hostilidad contra Cristo y sus seguidores.

1. Lee Juan 3:19-21. ¿Por qué rechazaron a Jesús?

_____

_____

2. Mateo 10:22-25: ¿qué nos espera a los discípulos de Jesús?

_____

3. Juan 17:14: ¿Por qué aborrece el mundo a los discípulos de Jesús?

_____

4. ¿Has sufrido algún tipo de rechazo desde que recibiste a Jesús como tu Salvador y Señor? ¿Cómo?

_____

_____

5. Lee Mateo 5:10-12 y responde a las siguientes preguntas:
   ¿Qué somos si sufrimos persecución aun injusta por causa de Cristo?

_____

6. ¿Qué debemos hacer?

_____

7. ¿Qué nos espera?

_____

8. En Juan 16:33, ¿por qué podemos tener paz, aún en medio de la aflicción y persecución?

_____

_____

Romanos 8:18 dice: "Pues tengo por cierto que las aflicciones del tiempo presente no son comparables con la gloria venidera que en nosotros ha de manifestarse."

Si amamos al Señor de veras como discípulos suyos, y somos agradecidos por lo que Él hizo por nosotros, estaremos dispuestos a sufrir persecución, aborrecimiento y aun la muerte, de la misma manera como Él lo estuvo por amor a nosotros.

B. DISPOSICIÓN A RENUNCIAR A NUESTRAS POSESIONES

Renunciar a todo lo que poseemos es renunciar al derecho de propiedad de las cosas, y reconocer el derecho de Dios sobre ellas. Es poner todas las cosas que poseemos a disposición de Dios, porque al fin de cuentas le pertenecen, y sólo nos las da para que las administremos temporalmente. Es dejar de ser poseídos por ellas, de tal manera que ya no nos afecte ni siquiera su pérdida. Es usar las posesiones para los propósitos de redención de Dios.

1. En Lucas 14:33, cuál es la condición que pone Jesús a los que quieren ser discípulos suyos?

_____

2. En Lucas 18:18-25, ¿qué impidió al joven rico seguir a Jesús?

_____

3. ¿Crees que fueron las riquezas en sí, o su amor por las riquezas?

_____

_____

El amor a las riquezas es, en muchísimos casos, el gran impedimento para que las personas entreguen completamente sus vidas a Dios, sin darse cuenta que con ello pierden la mejor de las riquezas: la paz interior, la vida eterna y la gloria con Dios.

4. ¿Cuál es el peligro de amar el dinero, según 1 Timoteo 6:10?

_____

_____

Lee 1 Timoteo 6:17-18.

5. ¿Por qué no debemos poner nuestra confianza o esperanza en las riquezas?

_____

6. ¿En quién debe estar puesta nuestra esperanza y por qué?

_____

7. ¿En qué debe consistir nuestra verdadera riqueza?

_____

8. Según 1 Crónicas 29:12-14, ¿cuál debe ser nuestra actitud con relación a lo que poseemos?

_____

_____

9. ¿Qué puede significar el consejo de Jesús en Lucas 16:9?

_____

_____

C. DISPOSICIÓN A LLEVAR LA CRUZ DE CRISTO (Lucas 14:27)

Este es quizá el mayor costo del discipulado: el llevar la cruz. Nota que no dice: "El que no lleva MI cruz . . . no puede ser mi discípulo", sino "El que no lleva SU cruz y viene en pos de mí, no puede ser mi discípulo".

El no entender esto ha llevado a algunos a tratar de imitar burdamente a Jesús, cargando una cruz de madera y aún haciéndose atar o clavar a esa cruz. A pesar de su buena intención y sinceridad, el resultado no es más que un lamentable espectáculo, mezcla de religiosidad, crueldad y morbosidad. Y lo más triste es que no trae ninguna bendición para ellos, pues no es algo que esté en armonía con la voluntad de Dios para sus hijos.

Piensa en lo que significó para Jesús "llevar su cruz", aparte de la cruz de madera que cargó literalmente, y aparte de los dolores físicos intensísimos que esa misma cruz le causó al morir en ella:

1. Filipenses 2:5-8
a. Renunciar a la gloria con su Padre al venir a este mundo lleno de pecado y maldad.
b. Renunciar al uso autónomo de su poder divino, con el cual hubiera podido aniquilar a sus enemigos.
c. Renunciar al uso de su autoridad como Dios, dejándose humillar, escupir y maltratar.
d. Renunciar a su derecho, como hombre, a vivir una vida normal y disfrutando de ella, para dedicarse de lleno a su misión redentora.
e. Renunciar a su derecho a la vida, dejándose crucificar; entregando su vida voluntariamente por la humanidad, por ti y por mí.

2. Lucas 22:42
a. Renunciar a su propia voluntad, para hacer la voluntad del Padre, y para salvación de todos.
Lee Lucas 14:26-33. A la luz de este pasaje, y recordando la explicación sobre el v.26 en la lección 1, página 9:

3. ¿A quiénes debemos renunciar como discípulos de Jesús?

___

4. Por todo lo visto, y pensando en lo que significó para Jesús llevar su cruz, ¿qué significaría para ti llevar tu propia cruz?

___

5. ¿Estás dispuesto a pagar el precio de renunciar a lo más querido para ti, para continuar como discípulo de Jesús?

_____

Si la respuesta es un sí, dícelo al Señor con gozo y gratitud, y como una afirmación de fe de tu corazón. Si la respuesta es un no, también dícelo al Señor con toda sinceridad, y pidiéndole que te dé el deseo, la fe y la fuerza para continuar en este difícil pero bendito camino de un verdadero discipulado, sabiendo que esa es la voluntad de Dios para tu vida.

Por último, escribe con tu propia mano lo que dice Luc.9:62, donde el Señor demanda una decisión total y definitiva, y no intenciones tibias ni pasajeras:

_____

_____

_____

Memoriza el siguiente versículo

"Bienaventurados sois cuando por mi causa os vituperen y os persigan, y digan toda clase de mal contra vosotros, mintiendo. Gozaos y alegraos, porque vuestro galardón es grande en los cielos; porque así persiguieron a los profetas que fueron antes de vosotros."

Mateo 5:11-12

Notas y comentarios

_____

_____

_____

_____

Lección 3

CÓMO CONOCER LA
VOLUNTAD DE DIOS

"No os conforméis a este siglo, sino transformaos por medio de la renovación de vuestro entendimiento, para que comprobéis cuál sea la buena voluntad de Dios, agradable y perfecta."

Romanos 12:2

Conociendo a Dios, quien nos ha demostrado de tantas maneras su amor, perfección, sabiduría y omnisciencia, nos damos cuenta de cuánta razón tiene el apóstol Pablo al decir que la voluntad de Dios es "buena, agradable y perfecta".

Pero para conocer esa voluntad de Dios, es imprescindible entender que Él tiene un plan y un propósito para todo, y para cada uno en particular, y que no puede hacer nada sin un propósito absolutamente perfecto y bueno, y en armonía con su naturaleza santa. En la misma naturaleza vemos esa perfección y belleza, y que detrás de todo lo que existe hay un plan, un diseño armonioso.

Es el caso de la luz, cuya naturaleza última todavía es un misterio para la ciencia, pero que penetrando en nuestros ojos, tan complejos y delicados, produce impulsos eléctricos que llegan al cerebro, y nos permite ver todas las cosas y disfrutar de la creación de Dios. ¡Una maravilla de diseño!

Considera las estaciones del año. Una simple inclinación de 23.5 grados del eje terrestre nos permite tener la variedad de climas y de frutos de la tierra. Recuerda también los ciclos de la naturaleza y el delicado equilibrio entre los tres reinos que lo componen, proveyendo cada uno los elementos necesarios para el otro. Plan, propósito y diseño es el mensaje de la creación.

Si esto es cierto de la creación física que nos rodea, cuánto más lo será de las cosas espirituales, que son las de verdadero valor. Veamos, pues, lo que las Escrituras nos enseñan acerca del plan de Dios, sus propósitos y su voluntad.

A. LOS PLANES DE DIOS

Dios tiene un plan perfecto para cada persona, que forma parte y armoniza con un plan eterno de manifestación de su gloria, de su sabiduría y de su amor. Descubre algunos aspectos de esos planes divinos:

1. El plan de Dios para la creación

a. Según Ef 1:9, ¿cuál es el propósito eterno en el corazón de Dios?

_____

_____

b. ¿Qué cosas o personas están incluídas en ese propósito?

_____

_____

¿No es hermoso pensar que hay un plan integral de Dios; que formamos parte de él, y que nuestro amado Salvador y Señor es el centro de ese plan? ¡Aleluya!

2. El plan de Dios para el ser humano

Gracias a Dios no somos descendientes del mono, ni producto de una casualidad ciega y sin propósito. Dios tiene propósitos para el ser humano, y un plan precioso.

a. Isaías 43:7:

_____

b. Efesios 1:5:

_____

A pesar de que el hombre cayó en desobediencia y rebeldía, y se apartó de Dios por el pecado, la voluntad de Dios sigue siendo de bendición.

c. Ezequiel 33:11:

_____

¿No es maravilloso el amor y la paciencia de Dios? Y por esa voluntad, que podríamos llamar terca de Dios, es que Él diseñó el plan de salvación, en el que incluyó a todos los hombres de Dios en la Biblia. En Juan 6:38, Jesús afirma que vino a este mundo sólo para cumplir la voluntad de su Padre que está en los cielos, la cual es la salvación del hombre perdido.

3. El plan de Dios para sus hijos
a. Efesios 1:5-6:

_____

b. ¿Cuál es el propósito de Dios para sus discípulos? Juan 17:20-24:

_____

B. LA VOLUNTAD GENERAL Y LA ESPECÍFICA
1. La voluntad general de Dios
Hay muchos aspectos de la voluntad revelada de Dios que son universales, es decir, que rigen para todos en todas las circunstancias, y por lo tanto no necesitamos orar o preguntar a Dios acerca de ello. Son los mandamientos que se derivan de su misma naturaleza santa y amorosa. Sólo tenemos que descubrirlos en la Palabra y obedecerlos. Recuerda algunos de ellos en los siguientes textos:

Jn 15:4; Jn 15:17; Ef 5:18; 1Ts 4:3.

2. La voluntad específica de Dios
Tiene que ver con situaciones específicas, para las cuales las instrucciones generales de las Escrituras no dan mucha luz, como por ejemplo: "¿Debo casarme?; ¿Con quién?"; "¿Qué carrera debo estudiar?"; "¿Debo dedicarme al ministerio?"; "¿Debo hacer este viaje?"

Para estas cosas, sólo la dirección del Espíritu Santo nos puede dar respuestas. El Espíritu puede usar muchos medios para hacernos conocer la voluntad específica de Dios para cada situación particular. Veremos algunos de estos medios más adelante.

C. LA VOLUNTAD DIRECTIVA Y LA PERMISIVA

Dios conoce lo que es mejor para sus fines eternos y perfectos, así como para nosotros, pero tiene que tratar con un ser humano limitado e imperfecto, no siempre atento a su voz y no siempre obediente. Por ello encontramos que la voluntad de Dios puede tener dos expresiones diferentes:

1. La voluntad directiva de Dios

Los mandamientos e instrucciones que encontramos en la Palabra de Dios revelan su voluntad directiva, es decir, lo que Dios quiere que hagamos, porque en su sabiduría sabe que es lo mejor. Así también cuando el Espíritu revela la voluntad de Dios para nosotros, está revelando su voluntad directiva.

2. La voluntad permisiva de Dios

Pero cuando el hombre no sigue la voluntad directiva de Dios, porque no supo discernir esa voluntad, o porque no la buscó, o porque sencillamente la desobedeció, entonces Dios puede, si así lo quiere, permitir al hombre seguir su propia iniciativa. Esto lo hará siempre que esa iniciativa no vaya en contra de los mandamientos expresos de la Palabra de Dios, ni de su naturaleza santa.

Lo concedido por la voluntad permisiva de Dios nunca será el mejor camino, y muchas veces habrán consecuencias desagradables.

En 2 Reyes 20:1-11 encontramos el caso del rey Ezequías, un buen rey, a quien Dios le comunica por medio del profeta Isaías que va a morir. Ezequías llora y ruega tanto, que Dios le concede 15 años más de vida. Pero el relato posterior nos muestra las consecuencias de ello: errores tremendos; le nace un hijo que sería uno de los más idólatras y blasfemos en la historia de Israel, y una muerte sin pena ni gloria (2 Reyes 20:12-21:9).

Lee Isaías 55:8-9, y medita si es sabio o vale la pena cambiar la voluntad directiva de Dios por la permisiva.

D. CÓMO PODEMOS CONOCER LA VOLUNTAD DE DIOS

1. Los medios para conocer la voluntad de Dios

a. Por su Palabra revelada (Salmo 119:105, 130; Hechos 1:1). Es el medio más seguro, porque es la revelación infalible de la voluntad de Dios. Debe controlar a todos los otros medios de conocimiento de la voluntad de Dios.

b. Por su Espíritu Santo (Juan 16:13; 1 Corintios 2:9-12). El está en el mundo convenciendo de pecado, pero muy particularmente en cada creyente, para guiarle en su camino a la perfección.

c. Por las circunstancias. Aunque no siempre, las puertas abiertas o cerradas pueden indicar la voluntad de Dios, como en el caso de Pablo en Hechos 16:6-11, donde Dios usa las circunstancias para guiarle.

d. Por los dones del Espíritu: profecía, palabra de ciencia y de sabiduría (1 Corintios 14)

e. Por sueños y visiones. (Mateo 1:20; Hechos 16:6-10)

2. La actitud para conocer la voluntad de Dios

Cualquier persona puede leer la Biblia y conocer intelectualmente la voluntad de Dios. Pero eso no garantiza que toque su corazón y lo mueva a hacer dicha voluntad. Tiene que haber una actitud correcta que permita la obra del Espíritu Santo en el corazón y el espíritu.

a. Salmo 1:2:

b. Hechos 9:6:

c. Romanos 12:2:

3. El resultado de hacer la voluntad de Dios
Mateo 12:50:

Juan 9:31:

_____

1 Juan 2:17:

_____

¡Qué hermosas promesas para los que siguen la voluntad del Señor! ¡Vale la pena! Por eso, escudriña tu Biblia todos los días, y medita en ella para conocer su voluntad agradable y perfecta, y ora para que Dios te revele su voluntad para cada día y cada decisión que tienes que tomar. ¡Él nunca te defraudará!

Memoriza el siguiente versículo

"Enséñame a hacer tu voluntad, porque tú eres mi Dios; tu buen Espíritu me guíe a tierra de rectitud."

Salmo 143:10

Notas y comentarios

_____

_____

_____

_____

_____

Lección 4

CÓMO SER GUIADO POR EL ESPÍRITU

"Los que viven según la carne no pueden agradar a Dios. Más vosotros no vivís según la carne, sino según el Espíritu, si es que el Espíritu de Dios mora en vosotros." Romanos 8:9

En la lección anterior: "Cómo conocer la voluntad de Dios", vimos que esa voluntad de Dios es buena, agradable y perfecta, y que obedecerla trae tantas bendiciones. También vimos que, para llegar a conocerla, es necesaria una actitud dispuesta para su búsqueda sincera — meditando en la Palabra de Dios y pidiéndosela en oración — así como tener la disposición a obedecerla.

En esta lección vamos a considerar otro aspecto muy importante en tu vida como discípulo de Cristo: COMO SER GUIADO POR EL ESPÍRITU SANTO; es decir, ya no solamente cómo puedes conocer la voluntad de Dios, sino cómo puedes vivir constantemente en conformidad con ella.

A. QUÉ ES SER GUIADO POR EL ESPÍRITU SANTO

A. B. Simpson, un hombre que supo por experiencia propia lo que es una vida guiada por el Espíritu Santo, escribe en su libro *Andando en el Espíritu*:

"¿Qué es andar en el Espíritu? Se puede decir, de un modo general, que es mantener el hábito de la dependencia del Espíritu Santo en toda nuestra vida: espíritu, alma y cuerpo . . . El andar en el Espíritu es reconocer al Espíritu como presente y habitando en nosotros . . . Reconozcamos que ha venido, y dirijámonos a Él como que está presente y es un amigo de nosotros. Él siempre va a aceptar nuestro reconocimiento, y nos va a hablar . . . desde el lugar santísimo en el interior de nuestro corazón" (página 15).

"El Espíritu Santo nos ha sido prometido como nuestra guía personal en el camino de la vida . . . Algunas personas sienten tanto celo por la Palabra de Dios, que niegan toda guía directa del Espíritu aparte de la Palabra; pero si creemos la Palabra, nos vemos obligados a aceptar sus afirmaciones claras, de que la presencia personal de Dios es dada al discípulo obediente y humilde para la dirección necesaria en cada paso de su vida" (Página 43).

Lee los siguientes pasajes bíblicos que Simpson cita, y anota las promesas que tienen que ver con la guía del Espíritu:

1. Salmo 32:8:

_____

2. Juan 10:4:

_____

3. Proverbios 3:6:

_____

_____

B. LA IMPORTANCIA DE SER GUIADOS POR EL ESPÍRITU SANTO

1. Según Gálatas 5:16-25, ¿qué produce en un creyente el ser guiado por el Espíritu?:

_____

_____

2. En Romanos 8:14, ¿qué caracteriza a los verdaderos hijos de Dios?:

_____

Es muy interesante que el Espíritu Santo inspiró a Pablo a usar la palabra griega huios en el versículo 15, cuya connotación es primordialmente la relación filial de hijo a padre, mientras que la palabra griega teknon, usada en el versículo 16, destaca mayormente el hecho del nacimiento o procreación. De esta manera vemos que, por la fe en Cristo, todos nacemos de Dios, pero solamente los que son guiados por el Espíritu tienen una relación de hijos a padre con Dios. Y esto es lo que Dios anhela tener con cada uno de nosotros, y particularmente contigo.

3. A la luz de Gálatas 5:25, el ser guiado por el Espíritu ¿es una opción, o un mandato?

4. ¿Por qué es necesario ser guiados por el Espíritu, a la luz de los siguientes textos?

a. Salmo 139:23-24:

_____

b. Jeremías 17:9:

_____

c. Proverbios 14:12:

_____

Según Juan 16:13, ¿qué hará el Espíritu Santo?

_____

C. REQUISITOS PARA SER GUIADOS POR EL ESPÍRITU SANTO

Cualquiera puede guiarse por su razonamiento, sus sentimientos o sus impulsos; también por la dirección de otra u otras personas; pero no cualquiera puede ser guiado por el Espíritu Santo. Descubre en la Palabra de Dios algunos de los requisitos para gozar de esa bendita experiencia:

1. Salmo 25:9:

_____

2. 1 Corintios 2:14:

---

3. Ser bautizado con el Espíritu Santo. Lee Ez.36:26,27. Dios hace una doble promesa allí: la primera es darnos un espíritu nuevo por medio de la regeneración al recibir a Cristo por la fe; la segunda es darnos su mismo Espíritu morando en plenitud en nosotros al recibir el bautismo con el Espíritu Santo. Desde ese momento, y mientras permanezcamos en comunión con el Espíritu, podemos experimentar más claramente su dirección en nuestra vida.

4. Santiago 1:5:

---

5. Santiago 1:6:

---

6. Habacuc 2:1-3. Debemos saber esperar en fe la respuesta de Dios. Muchas veces no escuchamos la guía del Espíritu por causa de nuestra impaciencia.

D. CÓMO PUEDE GUIARNOS EL ESPÍRITU SANTO

1. Por medio de las Escrituras

Al traer a nuestra conciencia textos de la Palabra de Dios en una forma vívida, o haciendo que esos textos nos impacten de una manera especial mientras los leemos, de tal modo que sentimos que es la respuesta a algo que hemos estado preguntando al Señor en oración (Salmo 119:105, 145).

2. Por medio de su voz directa o visiones

Encontramos muchos casos en la Palabra en que Dios habló directamente al hombre para amonestarle, revelarle cosas, anunciar eventos futuros o para indicarle lo que debía hacer, como en el caso de los profetas y del Apóstol Pablo.

Pero debemos ser muy prudentes en estas formas de dirección del Espíritu por las siguientes razones:

a. Para cosas que tienen que ver con los planes de Dios para el futuro de la humanidad y los últimos tiempos, ya la revelación está completa (Apocalipsis 22:18). Toda revelación adicional es sospechosa y debe ser rechazada.

b. En todo lo relacionado a la salvación del ser humano, a los principios morales y normas de conducta, la ley de Dios ya ha sido dada, y no debemos esperar revelación especial y personal para ello.

c. Tampoco en todo aquello que nuestra inteligencia y sentido común, santificados por el Señor, nos pueden guiar.

d. Por último, sabemos que espíritus de error también pueden dar mensajes a la conciencia humana, y de hecho hay mucho de revelación y voces demoniacas, y no sólo en el mundo del ocultismo.

3. Mediante impulsos intuitivos de nuestro espíritu

Activado o influido por el Espíritu de Dios, de manera que no los experimentamos como resultado de un razonamiento lógico de nuestra mente, sino como un impulso interior, como una convicción espiritual firme. Cuando seguimos este impulso interior, sea para hacer algo o para no hacer algo, y habiendo orado con fe por la dirección del Espíritu, y tenemos paz y un sentido de aprobación por parte de Dios, entonces podemos confiar en que es la guía efectiva del Espíritu (Filipenses 2:13). Sin embargo, debemos también tener cuidado con esta forma de guía del Espíritu, porque será eficaz solamente en la medida de nuestra consagración y vida de comunión con Dios, para no ser influidos por impulsos de nuestra naturaleza carnal.

4. Por medio de las circunstancias (Romanos 15:22-23; 1 Corintios 16:9)

Dios puede abrir y cerrar puertas como una forma de guiarnos en la dirección que Él quiere que vayamos, como en el caso de Pablo. El problema es que a veces quien quiere cerrar las puertas para que no hagamos algo es Satanás, o nos pone las cosas "en bandeja" como para tentarnos y desviarnos de la dirección de Dios. Por eso las circunstancias sólo pueden confirmar lo que la Palabra y el Espíritu digan a nuestro espíritu, pero nunca deben ser por sí solas determinantes de la guía de Dios.

5. Por medio de los dones sobrenaturales del Espíritu

Los dones de palabra de ciencia y de sabiduría, y el de profecía, pueden ser usados maravillosamente por el Espíritu para dar indicaciones para nuestra vida.

Pero una vez más, no debemos dejarnos guiar por los dones aparte de lo que la Palabra y el Espíritu digan a nuestro espíritu. En grandes sectores de la iglesia se han cometido muchos abusos con los dones sobrenaturales del Espíritu, trayendo descrédito y escepticismo en cuanto a ellos, y hasta desgracias y tragedias para muchas vidas.

CONCLUSIÓN

Respetando los principios bíblicos y los frutos de la experiencia de hombres de Dios, podrás ser guiado por el Espíritu de Dios en cada aspecto de tu vida, sean estas grandes decisiones como tu vocación, el matrimonio, o el llamado de Dios al ministerio; o sean pequeñas decisiones de cada día.

RECONOCE AL ESPÍRITU SANTO COMO PRESENTE Y HABITANDO EN TI. MANTÉN UNA ACTITUD DE OBEDIENCIA. CONSÚLTALE CONSTANTEMENTE EN ORACIÓN, Y DÉJATE GUIAR POR ÉL.

Memoriza el siguiente versículo

"Porque todos los que son guiados por el Espíritu de Dios, éstos son hijos de Dios"

Romanos 8:14

Notas y comentarios

_____

_____

_____

_____

Lección 5

MADUREZ Y EQUILIBRIO EN LA VIDA CRISTIANA

*L*a niñez se caracteriza por un gran dinamismo, entusiasmo y derroche de energías; pero al mismo tiempo por los desequilibrios y excesos, productos de ese entusiasmo pero sin la moderación que da el sentido común y la experiencia de los años. Justamente en esto reside gran parte de lo que llamamos madurez: el equilibrio en la vida cristiana, dejando los excesos propios de la niñez espiritual, para vivir una vida equilibrada y en continuo crecimiento, hasta llegar "a la estatura de la plenitud de Cristo".

Debes moldear tu vida según los parámetros bíblicos, y no según tus criterios o sentimientos humanos por buenos que parezcan, o según tradiciones eclesiásticas por muy antiguas que sean. MADUREZ Y EQUILIBRIO son dos conceptos muy ligados entre sí, que vamos a examinar a la luz de las Escrituras, para evitar una falsa espiritualidad en tu vida.

A. LA MADUREZ CRISTIANA

1. Qué es madurez cristiana

Madurez cristiana no es necesariamente que tengas años de creyente; o que llegues a ser un gran predicador; o que tengas muchos dones; o que puedas sanar a los enfermos. Madurez tiene que ver esencialmente con tu carácter cristiano en tu relación con Dios y los demás.

Charles C. Ryrie en su libro *Equilibrio en la vida cristiana*, (pp .13-15), define la madurez como espiritualidad, y que es esencialmente "una relación adulta con el Espíritu Santo". Cito algunos pasajes de su libro:

"Al nuevo cristiano no se le puede llamar espiritual, sencillamente porque no ha tenido tiempo suficiente para crecer y desarrollarse en el conocimiento y la experiencia cristiana . . . no ha sido todavía probado en muchos aspectos de la gama general de la conducta cristiana, por ejemplo; y aunque desee que el Espíritu Santo controle su vida y sus acciones completamente, no ha ganado la experiencia y madurez que sólo se obtienen al enfrentarse con esos problemas y haber hecho decisiones por el control del Espíritu Santo respecto de los mismos."

"Un cristiano de más años puede no ser espiritual, no porque le haya faltado el tiempo para ello, sino porque durante los años de su vida cristiana no ha dejado que el Espíritu Santo le controle."

"Un cristiano puede retroceder en ciertos aspectos de su vida, sin perder el terreno que ha ganado . . . La carne puede controlar sus acciones durante el período de retroceso, pero cuando vuelve al Señor no tiene que empezar necesariamente el proceso de crecimiento otra vez."

2. Cómo se manifiesta la madurez cristiana

En el Nuevo Testamento encontramos una familia de palabras en el original griego que son traducidas igualmente como madurez o perfección. Lee los siguientes pasajes, y anota cuáles son los temas que está tratando el apóstol al mencionar las palabras madurez o perfección.

a. Efesios 4:13:

_____

_____

Aquí vemos que la madurez tiene que ver con la unidad cristiana basada en una fe y un conocimiento experimental de Cristo. La madurez se demostrará en tus relaciones con los otros cristianos. Si no puedes vivir en unidad con tus hermanos, estás mostrando inmadurez.

b. Filipenses 3:15 (7-15):

La madurez (perfección), te hará mirar siempre hacia adelante, a la meta de la gloria con Dios, sin fluctuar ni detenerte por los problemas en tu vida cristiana. Tampoco estarás envaneciéndote por tus triunfos pasados, ni lamentándote por las cosas tristes del ayer.

c. Hebreos 5:12:

Una señal de madurez es el conocimiento de la Palabra de Dios. Pero no sólo haber leído mucho la Biblia, o escuchado sermones y estudios, sino el haberse apropiado la verdad de Dios en la conciencia, y asimilado en la experiencia y conducta.

d. Hebreos 5:14:

La madurez también es saber usar la verdad bíblica, de tal manera que uno no tenga que estar dependiendo como un niño de los demás para tomar decisiones. Es haber aprendido a aplicar los principios bíblicos a las situaciones de la vida diaria. Es saber discernir entre lo bueno y lo malo, a diferencia del niño, a quien hay que enseñarle los rudimentos de la moral y la ética.

e. 1 Corintios 14:20 (12-20):

Madurez implica no dejarte llevar por las emociones ni exaltar sólo los dones espectaculares, sino reconocer el uso que Dios ha señalado para cada uno de los dones en la iglesia, y procurar usarlos de tal manera que sean de verdadera edificación, y no simples fuegos artificiales.

Este concepto debe extenderse a todos los aspectos de tu vida cristiana, desterrando todo tipo de exhibicionismo.

B. EL EQUILIBRIO EN LA VIDA CRISTIANA

Dijimos al comienzo de esta lección que la madurez y el equilibrio siempre van juntos. Esto es importante porque muchas veces los creyentes recalcan tanto ciertos aspectos de la enseñanza de la Palabra de Dios, que descuidan o llegan a anular otros aspectos de ella. El resultado es una vida desequilibrada, que no es una vida saludable.

Veamos algunos aspectos de la vida cristiana en los que debe haber equilibrio. Al estudiarlos, pide que el Espíritu Santo te revele si necesitas corregir algunas cosas en tu propia vida.

1. Equilibrio en todo nuestro ser

¿Recuerdas 1Tesalonicenses 5:23? Aunque las cosas espirituales son las más importantes, como creyente sigues siendo espíritu, alma y cuerpo, y cada parte del ser que Dios te ha dado debe ser guardado irreprensible. Por eso no debes descuidar:

a. **Tu espíritu,** alimentándolo y ejercitándolo con la Palabra de Dios, la oración, la adoración y la comunión con la iglesia del Señor, templo del Espíritu Santo.

b. **Tu alma,** compuesta por mente, emociones y voluntad.

- **Tu mente,** creación maravillosa de Dios, necesita ser alimentada con la Palabra de Dios, pero también con el conocimiento de las "cosas del hombre" (1 Corintios 2:11). La cultura general no está reñida con la fe; sólo subordinada a ella.

- **Tus emociones** necesitan expresarse en una forma sana y natural. El amor humano y la alegría tienen su lugar en la experiencia del hijo de Dios; sólo deben estar controlados por la Palabra y el Espíritu.

- **Tu voluntad** necesita ser ejercitada continuamente para cumplir con las demandas de Dios, pero también en las tareas y responsabilidades de la vida diaria en el mundo. La voluntad no es anulada por la fe y la dependencia de Dios; por el contrario, la Palabra de Dios continuamente apela a nuestra voluntad al exhortarnos. El "dominio propio" o "templanza" como fruto del espíritu humano implica esfuerzo (Gálatas 5:23).

c. **Tu cuerpo** merece también tu atención para alimentarlo debidamente (no sobrealimentarlo) y entrenarlo por medio del ejercicio corporal. Lee 1 Timoteo 4:8, y fíjate que Pablo dice que "el ejercicio corporal para poco es provechoso". No dice "para nada es provechoso"; sino que lo está comparando con la piedad, que sí tiene promesa para la vida eterna. Recuerda que tu cuerpo es templo del Espíritu Santo, y que con un cuerpo sano y saludable puedes servir mejor al Señor.

2. Eclesiastés 3:1-8.
A la luz de este pasaje, ¿en qué debemos tener equilibrio?

_____

Al dedicarnos a las cosas de Dios, no debemos descuidar el tiempo que debemos dedicar al hogar y la familia; el estudio; el trabajo; las relaciones sociales, el descanso, etc., porque aunque "no somos del mundo", como dijo Jesús, sí estamos en el mundo (Juan 17:15-18).

¿Cómo aplicarías este pasaje a tu horario de trabajo, tus estudios, o tu familia?

_____

_____

_____

3. Equilibrio entre fe y obras
a. Santiago 2:14-26. ¿Por qué debe haber equilibrio entre fe y obras?

_____

_____

b. 1 Juan 2:4. ¿Cómo se manifiesta el equilibrio entre fe y obras?

_____

_____

Recuerda que el primer y más grande mandamiento es: "Amarás a tu Dios con todo tu corazón, y con toda tu alma, y con todas tus fuerzas, y con toda tu mente", y ello te debe llevar a orar, alabarle y adorarle. Pero no olvides el segundo: "Amarás a tu prójimo como a ti mismo" (Lucas 10:27), y eso te debe llevar a actuar en amor y en bien de tu prójimo, quienquiera que sea.

Es una contradicción en sí mismo un cristiano que pretende amar y adorar a Dios, y pasa tiempo sirviendo al Señor, pero que es indiferente al sufrimiento humano; más aún si muestra indiferencia o desamor para con los de su propia familia en la fe o de sangre.

Memoriza el siguiente versículo

"Hermanos, no seáis niños en el modo de pensar, sino sed niños en la malicia, pero maduros en el modo de pensar."

1Corintios 14:20

Notas y comentarios

_____

_____

_____

_____

_____

Lección 6

EL CRISTIANO Y SU HOGAR

En la lección anterior has visto cómo la madurez cristiana está identificada con el equilibrio en la vida. Es decir, que tu crecimiento debe ser equilibrado en todo tu ser: espíritu, alma y cuerpo, dando la debida atención a tu vida espiritual, pero sin descuidar tu familia y tus responsabilidades en cuanto al estudio, trabajo y relaciones sociales y ciudadanas.

Avanzando hacia la madurez cristiana, consideraremos en ésta y las dos lecciones siguientes, la enseñanza bíblica en cuanto al hogar, la iglesia y el mundo, como tres círculos progresivos de nuestra responsabilidad cristiana.

Ora primero, dispuesto a hacer la voluntad de Dios, en la medida en que vas descubriéndola en su Palabra.

A. LA ENSEÑANZA BÍBLICA SOBRE EL HOGAR

1. Los propósitos de Dios para el hogar

Los propósitos de Dios para el hogar están íntimamente ligados a sus propósitos por los cuales creó al ser humano. Anota esos propósitos según la Biblia:

a. Isaías 43:7:

b. Génesis 1:26:

_____

c. Génesis 2:18. ¿Cuáles fueron los dos propósitos por los cuales creó a la mujer, y con ello el matrimonio?

_____

_____

d. Efesios 5:31-32:

_____

Reuniendo la enseñanza de estos textos, vemos que Dios creó al hombre para gloria suya, y para administrar todo lo que había creado. Para ello le da una ayuda idónea, con quien debe tener una relación tal, que sea expresión de la relación entre las tres personas de la Trinidad: unidad y complementación; y que refleje la relación entre Dios mismo y su criatura: amor y sujeción. El hogar debe servir así como ambiente apropiado para los hijos, quienes nacen con los mismos propósitos eternos.

Por todo ello, el hogar debe ser un lugar donde el amor se manifieste en unidad, compañerismo y complementación, que permita el desarrollo armonioso de la personalidad.

2. El matrimonio, base del hogar

Lee Malaquías 2:14. A la luz de este texto, ¿qué es el matrimonio?:

_____

El hogar debe estar basado en el matrimonio como un pacto espiritual entre un hombre y una mujer y ante Dios. No hay otra forma lícita según Dios, y por lo tanto no hay otra forma que cuente con la bendición de Dios.

3. El secreto de un hogar feliz

a. Salmo 127:1:

_____

b. Juan 15:4-5:

_____

c. Filipenses 4:13:

_____

Aunque hay principios bíblicos específicos para el hogar, el secreto de un hogar feliz descansa sobre el principio general de que el Señor Jesucristo esté presente en él. Esto es posible cuando cada miembro es un hijo de Dios y mantiene una relación personal de comunión con El. Más aún si vive lleno del Espíritu Santo, mostrando el fruto del Espíritu en su vida (Gálatas 5:22-23). Implica honrarle en un tiempo devocional unido como familia.

B. LAS RELACIONES ENTRE LOS ESPOSOS

Siendo el matrimonio la base del hogar, la relación entre los esposos es fundamental para un hogar que dé gloria a Dios, cumpla sus propósitos y al mismo tiempo dé felicidad a sus miembros.

1. Los principios de relación entre esposos

a. Efesios 5:22-24. ¿Qué debe hacer la esposa?

_____

b. Efesios 5:25-29. ¿Qué debe hacer el esposo?

_____

c. Efesios 5:31. Entendiendo que el principio es válido para los dos cónyuges, ¿qué deben hacer esposo y esposa?

_____

_____

d. ¿Por qué debe sujetarse la esposa al esposo?

Efesios 5:23:

_____

1 Pedro 3:1-2:

_____

e. ¿Por qué debe amar el esposo a la esposa?
  Efesios 5:28-29:

_____

  1 Pedro 3:7:

_____

f. Efesios 5:22. ¿Cómo debe ser la sujeción de la esposa al esposo?

_____

_____

g. Efesios 5:25,28. ¿Cómo debe amar el esposo a la esposa?

_____

h. Colosenses 3:19:

_____

_____

2. La comunicación en el matrimonio

El matrimonio es una relación donde el amor debe manifestarse en unidad, compañerismo y complementación. Por ello es tan importante la comunicación entre los esposos. Marido y mujer son "una sola carne", esto significa que los dos son como una sola persona. Por lo tanto la comunicación debe ser fluída, sin secretos entre ambos, y menos aún engaños o "medias verdades" (que son realmente mentiras). El engaño destruye la confianza y la unidad del matrimonio.

La comunicación es un arte que se perfecciona en la práctica, y más cuando se practica con conciencia de la presencia de Dios por su Espíritu Santo.

3. El sexo en el matrimonio

En Génesis 1:31, ¿cómo calificó Dios todo lo que había creado?

_____

_____

La sexualidad y la relación sexual han sido dados por Dios al ser humano como parte de su creación, y por lo tanto no pueden ser malos ni pecaminosos en sí. Es la perversión del sexo lo que constituye pecado, denunciado duramente por Dios como contrario a la santidad. El sexo pecaminoso rebaja al ser humano y termina esclavizándolo. Esto incluye toda forma de sexo antinatural.

a. Hebreos 13:4. ¿Cómo considera Dios el matrimonio y la relación sexual dentro de él?

_____

b. 1 Corintios 7:3. ¿Cómo considera la Palabra la relación sexual entre los esposos?

_____

c. 1 Corintios 7:4-5. ¿Qué consejo da Pablo en cuanto a abstinencia sexual entre cónyuges?

C. LA RESPONSABILIDAD DE LOS PADRES EN EL HOGAR

Los padres asumen una gran responsabilidad ante Dios y ante sus propios hijos al traerlos al mundo. Descubre algunas enseñanzas de la Palabra de Dios con relación a esta responsabilidad:

1. Responsabilidad espiritual

a. Deuteronomio 6:6-7:

_____

b. Proverbios 22:6:

_____

c. Efesios 6:4:

_____

2. Responsabilidad moral

a. Proverbios 19:18:

_____

b. Colosenses 3:21

_____

c. 1 Timoteo 5:8:

_____

d. Tito 2:6-7:

_____

e. Hebreos 12:6-8. ¿Qué debe mover a un padre a disciplinar a sus hijos?

_____

D. LA RESPONSABILIDAD DE LOS HIJOS EN EL HOGAR

Los hijos deben la vida a sus padres, vida que han recibido con un potencial tremendo, pues se proyecta a la eternidad en el cumplimiento de los propósitos divinos. Por ello tienen responsabilidades muy definidas para con ellos, que deben cumplir con gozo y gratitud, a pesar de las limitaciones, defectos y errores que pudieran tener sus padres.

1. Amor y sujeción a los padres
a. Proverbios 6:20-24:

_____

b. Proverbios 13:1:

_____

c. Efesios 6:1:

_____

d. Éxodo 20:12; Efesios 6:2-3:

_____

2. Responsabilidad moral
a. 1 Timoteo 5:4:

_____

b. 1 Timoteo 5:8:

_____

c. 1 Timoteo 5:16:

_____

Tus relaciones familiares, y si eres casado o casada las matrimoniales, son un indicio mucho más exacto y verídico que cualquier otro del trecho avanzado en tu camino hacia la madurez cristiana. Puedes engañar consciente o inconscientemente al Pastor, a la congregación, a vecinos y compañeros de trabajo; pero no a aquéllos con quienes convives diariamente; y menos a tu cónyuge, si lo tienes.

Por eso, analiza tu vida familiar a la luz de lo que hemos visto en esta lección; ora pidiendo la ayuda de Dios; pon en función tu fe y tu voluntad para corregir lo que haya que corregir, y desde ahora da gracias a Dios y ¡alábale por la victoria en Cristo Jesús!

Memoriza el siguiente versículo

"Sed, pues, imitadores de Dios como hijos amados. Y andad en amor, como también Cristo nos amó, y se entregó a sí mismo por nosotros, ofrenda y sacrificio a Dios en olor fragante."

Efesios 5:1-2

Notas y comentarios

_____

_____

_____

_____

_____

Lección 7

EL AMOR FRATERNAL EN LA IGLESIA

Uno de los aspectos fundamentales en tu camino hacia la madurez cristiana es la práctica del amor fraternal en la congregación de los santos. Ni tú, ni yo, ni nadie, puede decir que ha llegado a la madurez cristiana si no es capaz de amar a sus hermanos, aceptándolos tales como son.

Nuestra madurez espiritual no es cuestión de cuántos años tengamos en la vida cristiana, sino de la manera en que vamos asimilando los principios espirituales, y éstos llegan a ser parte de nuestro carácter y rectores de nuestra conducta, a partir del nuevo nacimiento.

La madurez cristiana es descrita por la Palabra de Dios de varias maneras y usando varios conceptos equivalentes: es el crecimiento del "Cristo en nosotros"; es la rendición del "yo" carnal y egoísta; es el "andar en el Espíritu"; es el ir alcanzando la "estatura de la plenitud de Cristo"; es la santificación; es avanzar en el camino a la perfección.

Pero todos estos conceptos no deben ser meramente doctrinas en el papel, ni palabras hermosas no respaldadas por la práctica. La doctrina cristiana bíblica es eminentemente práctica:

"Pero sed hacedores de la Palabra, y no tan solamente oidores, engañándoos a vosotros mismos" (Santiago 1:22)

"Más el que mira atentamente en la perfecta ley, la de la libertad, y persevera en ella, no siendo oidor olvidadizo, sino hacedor de la obra, éste será bienaventurado en lo que hace. Si alguno se cree religioso entre vosotros, y no refrena su lengua, sino que engaña su corazón, la religión del tal es vana" (Santiago 1:25-26).

Con esto en mente volvamos al tema del amor fraternal, como una de las expresiones prácticas de una genuina madurez espiritual en la vida cristiana.

A. EL AMOR FRATERNAL COMO MANDAMIENTO

Al estudiar sobre el amor ágape, vimos la gran importancia que da Dios a la unidad y el amor entre sus hijos. Será muy bueno recordar algunas enseñanzas de la Palabra de Dios sobre el tema, antes de avanzar a los aspectos prácticos del amor fraternal. Lee los siguientes pasajes, pidiendo que el Espíritu Santo los grabe bien en tu corazón, y con esa base empezar a ver en la Palabra de Dios cómo puedes expresar en la iglesia, y de una manera práctica, "el amor de Dios que ha sido derramado en tu corazón por el Espíritu Santo que te fue dado" (Ro.5:5).

1. Juan 17:20-21. ¿Qué ruega el Señor Jesucristo en su oración por la Iglesia?

_____

2. Juan 17:21,23. ¿Por qué es tan importante la unidad de los hermanos en Cristo?

_____

3. Romanos 12:10. ¿Cuál es el mandato de Dios por medio del apóstol Pablo?

_____

4. 1 Pedro 1:22. ¿Cómo debe ser el amor de los unos por los otros según el apóstol Pedro?

_____

5. 1 Juan 3:11,23. ¿Cuál es el mensaje permanente de la fe cristiana según el apóstol Juan?

_____

Con todo lo anterior como fundamento y punto de partida, veamos ahora en las Escrituras cómo debe expresarse el amor fraternal en maneras concretas y prácticas. Para ello vamos a revisar algunas cosas que no debemos hacernos los unos a los otros, y que encontramos como mandatos de Dios.

B. LOS "NO" DEL AMOR FRATERNAL

Lee los pasajes indicados, y anota lo que no debemos hacernos los unos a los otros. (Los pasajes están en el orden en que aparecen en la Biblia, y no por temas, para mayor facilidad en el estudio).

1. Romanos 13:8:

_____

2. Romanos 14:13:

¿Por qué no debemos hacerlo, según Mateo 7:1?

_____

3. Gálatas 5:26:

_____

4. Colosenses 3:9:

_____

5. Santiago 4:11-12:

¿Por qué no debemos hacerlo?

_____

6. Santiago 5:9:

¿Por qué no debemos hacerlo?

_____

_____

7. 1 Pedro 3:8-9:

_____

_____

¿Por qué no debemos hacerlo?

_____

C. LOS "UNOS A OTROS" DEL AMOR FRATERNAL

Pero el amor fraternal no consiste sólo en prohibiciones y "no", sino que demanda acciones positivas de parte nuestra, para bendición de nuestros hermanos.

1. Romanos 15:7:

   ¿Cómo debemos hacerlo?

   _____

   ¿Cómo nos recibió Cristo?

   _____

2. Romanos 15:14:

   _____

   ¿Qué necesitamos tener para poder hacerlo?

   _____

3. Gálatas 5:13:

   Piensa en algunas maneras prácticas de hacerlo:

   _____

   _____

4. Gálatas 6:2:

   ¿Cómo podemos cumplir este mandato?

   _____

   _____

5. Efesios 4:2,25,32:

   _____

   _____

6. Efesios 5:21; 1 Pedro 5:5:
   ¿Qué se requiere para hacerlo?

_____

7. Colosenses 3:13:
   ¿Cómo debemos hacerlo?

_____

_____

8. Colosenses 3:16:

_____

9. 1 Tesalonicenses 5:11:

_____

10. Hebreos 13:16:
    ¿Cómo califica Dios dichas acciones?

_____

11. Santiago 5:16:
    ¿Por qué debemos hacerlo?

_____

12. 1 Pedro 4:9:

_____

Detente por un momento, y haz un balance de tu propia conducta a la luz de los "no" y los "unos a otros" vistos hasta aquí. Anota tus puntos débiles, y ora para que el Espíritu Santo te ayude a superarlos.

_____

_____

_____

_____

D. OTRA EXPRESIÓN DEL AMOR FRATERNAL

Una de las maneras prácticas en que actúa el amor fraternal como expresión de madurez cristiana, es la renuncia a derechos que pueden ser muy legítimos, cuando ello puede traer un bien espiritual al hermano.

1. 1 Corintios 6:1-7. ¿Qué es mejor según Dios: entablar una demanda judicial a un hermano en defensa de nuestros derechos; pedir que hermanos espirituales sirvan de árbitros, sometiéndonos a su decisión; o renunciar a dichos derechos en aras de la unidad de la iglesia?

_____

2. Lee 1 Corintios 8:1-13. ¿Cuál es el principio divino que encuentras en los versículos 9 y 13?

_____

_____

¿A qué cosas de la vida diaria puedes aplicar este principio?:

_____

_____

Este es, quizá, uno de los aspectos más decisivos en el camino a la madurez cristiana: la renuncia al yo y a los beneficios propios en bien del hermano y para la gloria de Dios. Es la exhortación de la Palabra de Dios en Filipenses 2:3-8. Medita bien en ello, y ora en este mismo momento, si así lo sientes, declarando tu disposición a renunciar a todo egoísmo, y a renunciar a tus derechos, si con ello resultare un genuino bien espiritual para algún hermano en Cristo. Pide que el Espíritu Santo te llene con su amor y te ayude a cumplir esta decisión.

Memoriza el siguiente versículo

"Amaos los unos a los otros con amor fraternal; en cuanto a honra, prefiriéndoos los unos a los otros."

Romanos 12:10

Notas y comentarios

_____

_____

_____

_____

_____

Lección 8

EL CRISTIANO EN EL MUNDO

En tu camino HACIA LA MADUREZ CRISTIANA, ya has visto algo sobre tus responsabilidades en el hogar y en la iglesia. Por supuesto que el aprendizaje, es decir el discipulado, es algo que no terminará para ninguno de nosotros hasta que lleguemos "a un varón perfecto, a la medida de la estatura de la plenitud de Cristo" (Efesios 4:13). Y esto sólo será una realidad perfecta cuando estemos en la presencia del Señor.

En esta lección veremos algo sobre tus responsabilidades en el círculo más amplio del mundo, como hijo de Dios y ciudadano del Reino de los cielos, un tema igualmente importante para tu vida cristiana.

Como te habrás dado cuenta ya hasta aquí, el cristiano no es un ser aislado de las circunstancias y de los tiempos. Tampoco es un ser extraterrestre ni un místico soñador. Por el contrario, el cristiano es uno "enviado al mundo" por su Señor (Juan 17:18), como su embajador y testigo. También es alguien bien parado sobre la verdadera realidad, que es al mismo tiempo espiritual y material, y en cierto sentido, sirve de puente entre esas dos realidades, porque él mismo vive inmerso y consciente de ambas.

Veamos primeramente algunos conceptos importantes, para entender correctamente tu fe en relación al mundo, y tu ubicación y relación con él.

A. EL MUNDO Y LA IGLESIA

El término "mundo" se usa en la Biblia principalmente en dos sentidos diferentes:

1. Como sinónimo de "tierra" o "universo", y figurativamente: la raza humana.

a. Juan 3:16. ¿Por qué envió Dios a su Hijo al mundo?

_____

b. Juan 17:15. ¿Qué pidió Jesús a su Padre?

_____

c. Salmo 24:1. ¿De quién es el mundo?

_____

2. Como una era o edad, especialmente esta era, con su sistema de vida y pensamiento caracterizados por el pecado y la rebeldía contra Dios.

a. 1 Juan 2:15-17. ¿Qué nos advierte el apóstol Juan con relación al mundo?:

_____

b. Efesios 2:2. ¿Quién gobierna la "corriente de este mundo"?

_____

c. Santiago 4:4. ¿Cómo califica la Palabra de Dios la amistad con el "mundo"?:

_____

Dios ama al mundo, incluyendo a la raza humana, creados por Él como "buenos en gran manera", y para su gloria. Sin embargo, está en contra del "mundo" como sistema de pensamiento y vida alejados de Él y de su voluntad.

El mandato de Cristo es el de "ir" al mundo en su nombre, como embajadores suyos, con el mensaje redentor del Evangelio y las credenciales del poder del Espíritu Santo. no somos llamados a aislarnos dentro de las cuatro paredes de un templo, sino a ser "luz" y "sal".

La Iglesia no es algo aparte del mundo, sino que debe estar dentro del mundo para cumplir su misión. Y la Iglesia somos tú y yo y cada creyente con el Espíritu Santo en nosotros.

Tenemos que vivir nuestra fe "en el mundo", en nuestra interacción con la sociedad en todas sus formas: en nuestro contacto con los vecinos, compañeros de estudio o de trabajo; en el ejercicio de las diversas profesiones y oficios; en nuestras relaciones con las autoridades y leyes, etc.

La fe y la ética que mostramos cuando estamos en el templo o con los hermanos, no deben ser diferentes a las que mostramos cuando estamos en el "mundo". Tiene que haber integridad en nuestra vida. Con estos conceptos como base, vamos a considerar algunos aspectos de la vida del cristiano en el mundo:

B. EL CRISTIANO Y LA POLÍTICA

1. ¿Qué es la política?

El diccionario define la política como "el arte de gobernar y dar leyes conducentes a asegurar la buena marcha del Estado y la tranquilidad y el bienestar de los ciudadanos" (Enciclopedia Universal Sopena).

Dios creó a la humanidad para vivir bajo su autoridad, es decir, bajo una teocracia. A raíz del pecado, Dios establece el gobierno humano como el medio de mantener el orden en el mundo. Veamos algunas afirmaciones de la palabra de Dios:

a. Proverbios 8:15. ¿Para qué ha establecido Dios los gobiernos?

_____

b. Romanos 13:1-5. ¿Avala Dios la existencia del poder político, y qué nos exhorta a hacer con relación a él?

_____

En principio, pues, las leyes y el Estado son buenos y necesarios debido al estado pecaminoso del hombre. La gran limitación está en que el mismo pecado anula casi siempre su eficacia.

2. ¿Puede un cristiano participar en política?

En base a lo que hemos visto hasta aquí, un cristiano puede y debe participar en política, si tiene la capacidad y la vocación para hacerlo. Lo hará como siervo de Dios para bendecir al mundo, al mismo tiempo que estará actuando como testigo y como "luz".

Brian Griffiths (*InterVarsity Magazine*, Spring 1967), sugiere que la participación del cristiano puede ser en:

a. Grupos de estudio para orientar a la opinión pública.

b. Grupos de presión organizados para influenciar la política del gobierno.

c. Asumir funciones o cargos públicos.

d. Aportar capacidad y competencia técnica y profesional.

e. Grupos de discusión sobre problemas cívicos.

Sin embargo, el cristiano no puede transigir en su ética y su obediencia a la letra y el espíritu de la Palabra de Dios. Eso hará que le sea muy difícil participar en política partidaria, porque se le plantearán conflictos de fidelidad muchas veces insolubles.

C. EL CRISTIANO Y EL TRABAJO

El cristiano no es un místico soñador aislado del mundo, ni su fe le dispensa de sus responsabilidades prácticas en la vida diaria. Anota las enseñanzas sobre el trabajo en:

1. Proverbios 24:10:

_____

2. Efesios 4:28:

_____

3. 2 Tesalonicenses 3:6-12:

_____

4. 1 Timoteo 5:8:

_____

D. EL CRISTIANO Y EL SUFRIMIENTO HUMANO

El ser hecho ciudadano del Reino de los cielos e integrarse a una nueva familia, la familia de la fe, no anula los lazos de solidaridad que deben existir entre el cristiano y la humanidad sufriente que le rodea. Si va a ser luz y sal, no puede ser indiferente al dolor humano, fruto de su pecado, porque él mismo ha sido liberado de ese pecado por la gracia de Dios. Anota los pensamientos sobre el tema que surgen de los textos siguientes:

1. Lucas 10:27:

_____

2. Lucas 10:30-37:

_____

3. Santiago 2:14-17:

_____

4. En Lucas 4:18, ¿cuál es el ministerio de Jesús que tiene que ver directamente con el sufrimiento humano?

_____

_____

5. 2 Corintios 1:3-4:

_____

_____

_____

E. EL CRISTIANO Y EL PECADO DEL MUNDO

Al vivir en un mundo lleno de pecado e injusticias, el cristiano está sometido a presiones muy fuertes, y contra los cuales tiene que luchar constantemente. El diablo utiliza todos los medios para tratar de debilitarnos, por lo que es tan importante vestirnos de "toda la armadura de Dios", para poder estar firmes contra sus asechanzas (Efesios 6:10-11).

Algunos de los peligros que corremos como cristianos son:

1. La influencia del pecado por medio de los medios de comunicación (televisión, diarios, revistas, películas, espectáculos). Todo lo que entra por nuestros ojos u oídos queda registrado en nuestra memoria, y el diablo lo usará para mellar las defensas de nuestra conciencia.
2. Adoptar la filosofía de "si todos lo hacen . . . yo también", rebajando las normas éticas del Reino a las del mundo.
3. Convertirnos paulatinamente en indiferentes al dolor humano, de tal manera que no sintamos compasión ni atinemos a ninguna acción; o tan indiferentes a la injusticia y la corrupción, que las aceptemos como cosas normales, y no hagamos nada por tratar de corregirlas.

La protección para esos peligros está en la comunión constante con el Señor y su Palabra, de tal manera que el Espíritu Santo nos dé la sensibilidad espiritual necesaria.

Memoriza el siguiente versículo

"Haced todo sin murmuraciones y contiendas, para que seáis irreprensibles y sencillos, hijos de Dios sin mancha en medio de una generación maligna y perversa, en medio de la cual resplandecéis como luminares en el mundo"

Filipenses 2:14-15

Notas y comentarios

_____

_____

_____

_____

_____

Lección 9

RESPONDIENDO PREGUNTAS DIFÍCILES

*E*l cristiano tiene que enfrentarse en su caminar por este mundo tan complicado, a muchas interrogantes y problemas éticos, para los cuales no hay una referencia directa en las Escrituras, o cuya enseñanza aparentemente no es tan clara.

En esta lección analizaremos algunos casos, pues es necesario que como creyente tengas conceptos claros acerca de ellos, tanto para tu propia vida, como para que puedas responder a los que están buscando orientación bíblica. El tratamiento de esos problemas te ayudarán a buscar por ti mismo en la Biblia respuesta para otros similares.

A. EL ABORTO

Aunque casi todos los cristianos rechazan el aborto en forma general, algunos lo justifican en algunos casos, como en los embarazos por violación. Veamos la enseñanza bíblica:

1. Deuteronomio 5:17. ¿Qué prohibe Dios?

_____

2. Job 12:10. ¿Quién tiene el derecho sobre la vida?

_____

3. Salmo 139:13,16. ¿Desde qué etapa de nuestra vida ya éramos conocidos por Dios?

Dios es el dador de la vida, y el único que tiene derecho a quitarla, o autorizar a que se la quite en casos específicos, tal como encontramos en las Escrituras. Además, desde el momento de la concepción ya existe vida, con todo el potencial dado por Dios para alcanzar sus propósitos eternos de bendición y de gloria.

Es por eso que los factores circunstanciales (violación, accidente, etc.), no son razón valedera para impedir el desarrollo de esa vida hecha a imagen y semejanza de Dios.

La herida emocional de una madre por violación puede ser sanada por Dios, como sucede en muchos casos, o solucionado el problema dando al bebé en adopción. El caso de posibles malformaciones hay que dejarlo a la soberanía de Dios, de la manera que se dejan los casos de personas que sufren accidentes o malformaciones por enfermedades.

B. LA EUTANASIA

La respuesta a este problema es similar al anterior. Dios es el dador de la vida, y el único que puede quitarla. Sin embargo, hay casos en que mantener artificialmente una vida ya vegetativa, sin conciencia y sin esperanzas humanas de recuperación, o que producen sufrimientos agudos al paciente, resulta más cruel para todos, que permitir que el proceso natural siga su curso.

Cada uno de esos casos deben ser considerados en todos sus aspectos con mucho cuidado. La decisión final debe ser tomada sólo después de haber dado lugar a la intervención sobrenatural de Dios por la fe; en oración, con el concenso de médicos, familiares y pastores, y cuando es posible, del paciente mismo. Es importante que haya convicción espiritual de que Dios está aprobando la decisión, cualquiera que ésta sea, para evitar conciencia de culpa posterior. En todo caso, nunca se debe quitar la vida. Sólo se puede permitir que el proceso natural llegue a su culminación.

C. EL DIVORCIO

Este es uno de los problemas más generalizados de nuestra sociedad moderna, por lo que es necesario tener conceptos claros de la enseñanza bíblica al respecto.

1. El matrimonio es un pacto solemne delante de Dios, que Dios quiere que sea "hasta que la muerte los separe" (Proverbios 2:17; Malaquías 2:14-16).

2. Dios permitió al ser humano el divorcio como una concesión por causa de la dureza de su corazón, pero no porque fuera su deseo (Deuteronomio 24:1-2; Mateo 19:7-8).

3. El creyente en Cristo ya no está en dureza de corazón, y por tanto bajo una ley diferente (Ezequiel 36:26; Mateo19:9).

4. Hay solamente dos situaciones en que es lícito el divorcio para un creyente:

    a. Cuando el cónyuge cae en inmoralidad sexual (adulterio, homosexualidad, etc.), y no quiere arrepentirse y dejarlo (Mateo 19:9). El pecado sexual rompe el pacto "una sola carne" del matrimonio (1 Corintios 6:16-18).

    b. Cuando un cónyuge no creyente quiere divorciarse y deja definitivamente al cónyuge creyente (1 Corintios 7:15).

5. Un creyente casado y divorciado antes de su conversión ya fue perdonado y es una nueva criatura, de manera que, si no es posible la reconciliación con su ex-cónyuge, puede volver a casarse ya en el Señor (2 Corintios 5:17; Efesios 2:1-5).

El matrimonio es un pacto delante de Dios que Él quiere que sea para toda la vida. El divorcio siempre es un apartamiento de esa voluntad de Dios. En Cristo todo creyente debe poder superar los problemas que se presenten, aún el perdonar una eventual infidelidad del cónyuge (Filipenses 4:13).

D. LOTERÍAS Y APUESTAS

¿Por qué un cristiano no puede comprar loterías o rifas, apostar a los caballos, jugar bingo o póker? ¿Y más si con lo que gane podría ofrendar y ayudar a la iglesia? La respuesta es:

1. Dios ordena que debemos trabajar para ganarnos el pan, lo que equivale al dinero (2 Tesalonicenses 3:6-10).

2. Los juegos de azar se basan mayormente en la ambición de dinero fácil, no trabajado. También la ganancia de unos pocos depende de la pérdida de muchos por esa ambición. Por lo tanto, quien gana dinero en la lotería, apuestas o juegos, está recibiendo algo que es fruto de pecado y a costa de la pérdida, y a veces tragedia, de muchos. Dios no puede bendecir esto, ni menos recibirlo como ofrenda, porque ésta debe ser santa (Malaquías 1:10-11).

3. Los juegos de azar producen esclavitud, porque quien los practica abre puertas a la influencia demoníaca. Por eso los jugadores o apostadores pueden llegar a extremos irracionales, causando tanto dolor a la familia.

F. EL PECADO IMPERDONABLE

¿Habré cometido el pecado imperdonable?, preguntan a veces con angustia algunos creyentes. ¿En qué consiste? Veamos Mateo 12:31-32, pero a la luz de todo el pasaje (vv. 22-35).

Jesús había echado demonios fuera de un hombre. Los fariseos decían que lo hacía por el poder del diablo. Jesús afirma que él los echa por el Espíritu de Dios. Entonces afirma que la blasfemia contra el Espíritu Santo no puede ser perdonada (v. 32). Luego en los versículos 33 al 35 afirma que los árboles buenos producen frutos buenos, que los malos producen frutos malos, y que el hombre malo no puede producir cosas buenas.

Con todo esto nos damos cuenta que:

1. La blasfemia contra el Espíritu Santo es atribuir a Satanás una obra evidente del Espíritu Santo, como en el caso de las liberaciones de demonios, pero no por ignorancia o mala interpretación sincera, sino por una actitud deliberadamente hostil al Señor Jesucristo.

2. Este tipo de pecado es fruto de maldad del corazón y abierto rechazo a la revelación del amor de Dios por medio de Jesucristo.

3. Por lo tanto un verdadero creyente, renacido por la obra del Espíritu Santo, no puede cometer este pecado imperdonable. ¡Gloria a Dios!

F. EL YUGO DESIGUAL

Lee 2 Corintios 6:14-18. Allí encontramos un mandato muy explícito de la Palabra de Dios: "No os unáis en yugo desigual con los incrédulos . . . Salid de en medio de ellos, y apartaos, dice el Señor . . ."

¿Cómo entender este mandato? ¿No podemos en ningún caso asociarnos con un no-creyente, o trabajar en una empresa de no-creyentes? Veamos algunas respuestas en la Biblia:

1. La prohibición es a una relación de "yugo" con un no-creyente; es decir, una en la que ambos están obligados igualmente, de manera que ninguno puede hacer algo que el otro no quiere o no conciente. Tal es el caso de un matrimonio, o una sociedad comercial donde el creyente y el no-creyente tienen el 50% de las acciones cada uno. Esto obliga al creyente a someterse a los criterios morales y éticos del no-creyente, lo cual puede ponerle en conflicto con su lealtad a Dios.

2. Es diferente el caso de una empresa donde el creyente tiene poder de decisión, y puede llevar las cosas guiado por su ética cristiana. En este caso no hay problema porque no es un "yugo".

3. Tampoco es un "yugo" cuando un creyente trabaja para una empresa de no-creyentes. Como empleado o empleada les son asignadas ciertas tareas o responsabilidades, que debe cumplir eficiente y honestamente, y sin violentar su conciencia cristiana. Él no puede ser responsable de cosas o manejos que ignora o sobre los cuales no tiene poder de decisión.

Aunque no es del mundo, sí está en el mundo, y debe ser luz y sal dondequiera que esté, influyendo con su testimonio y conducta. Si conoce de cosas injustas o incorrectas que no le dan paz en su conciencia, debe buscar la dirección de Dios para una posible salida.

G. EL BAILE, LICOR, TABACO, CINE

Aunque no hay ninguna prohibición explícita en la Palabra de Dios con relación a estas cosas y otras parecidas, sí hay principios que podemos aplicar en todos estos casos:

1. 1 Corintios 10:23: El principio de lo que edifica; tanto por la naturaleza de la cosa en sí, como por el ambiente que rodea su uso o práctica.
2. 1 Corintios 10:31: El principio de la gloria de Dios. Para cada cosa puedes preguntar: ¿Esto glorifica a Dios?
3. Romanos 14:15,21; 1 Corintios 10:32: El principio del amor a los débiles en la fe. Algo puede ser inofensivo para ti; pero si puede hacer tropezar a tu hermano, debes abstenerte.
4. 1 Tesalonicenses 5:22: El principio de la separación del mal. No debes contaminarte ni con pecados ajenos.
5. Juan 8:32,36; 2 Corintios 3:17: El principio de la libertad de toda atadura o esclavitud a hábitos o vicios.
6. 1 Corintios 6:19: El principio del templo. Tu cuerpo es templo del Espíritu Santo, y debes cuidarlo en salud y santidad para Dios.

Memoriza el siguiente versículo

"Apártese de iniquidad todo aquel que invoca el nombre del Señor."

2 Timoteo 2:19

Notas y comentarios

_____

_____

_____

_____

_____

Lección 10

ESTABLECIENDO PRIORIDADES Y METAS

"Hermanos, yo mismo no pretendo haberlo ya alcanzado; pero una cosa hago: olvidando ciertamente lo que queda atrás, y extendiéndome a lo que está delante, prosigo a la meta, al premio del supremo llamamiento de Dios en Cristo Jesús"

Filipenses 3:13-14

*E*stamos llegando al final del Programa de Discipulado Básico, completando casi un año de aventuras en la Palabra de Dios, aprendiendo los fundamentos de "Tu nueva vida en Cristo", luego "Avanzando en el discipulado" con conocimientos prácticos de la vida cristiana, prosiguiendo después "Hacia una santidad práctica", y en este ciclo marchando "Hacia la madurez cristiana".

Esta última lección, además de ello, será una guía para que puedas proseguir por ti mismo avanzando a la meta, creciendo en "la fe y en el conocimiento del Hijo de Dios, a un varón perfecto (o una mujer perfecta), a la medida de la estatura de la plenitud de Cristo" (Efesios 4:13).

Dos de las evidencias de que estás avanzando en madurez espiritual son: equilibrio en la vida, y capacidad para tomar por ti mismo alimento cada vez más sólido de la Palabra de Dios, y dependiendo menos de la ayuda y el estímulo de otros para ello.

Aunque siempre dependeremos los unos de los otros como miembros de un cuerpo, y siempre los dones del ministerio dados por Cristo a su iglesia (apóstoles, profetas, evangelistas, pastores y maestros) serán necesarios para todos, sin embargo, es necesario que cada creyente vaya asumiendo su propia responsabilidad en cuanto a lo que podríamos llamar "disciplina de crecimiento".

Lo que sigue está basado en gran parte en ideas del programa "Discipleship Training", desarrollado por el Pastor Charles Lake, de Greenwood, Indiana, programa que ha sido muy efectivo y de mucha bendición para las iglesias que lo han aplicado.

A. ESTABLECIENDO PRIORIDADES

El Pastor Charles Lake menciona cinco esferas principales de tu vida que estarán demandando constantemente tu atención: trabajo, iglesia, familia, recreación y mundo. La pregunta que surgirá es: ¿Cuál esfera debe ser prioritaria?

Mantener sus prioridades correctas en esas 5 esferas es una de las tareas más difíciles para un cristiano. Esta sección trata de ayudarte a hacerlo.

1. Principios para establecer las prioridades

a. No se puede establecer un orden rígido de importancia entre esas cinco esferas, que sea válido para todas las circunstancias. Las prioridades de Dios pueden variar de acuerdo a las diferentes circunstancias.

b. Lo que nunca cambia es nuestra sujeción a sus propósitos eternos, reconociendo su señorío sobre nuestra vida.

c. Las prioridades deben ser establecidas con la ayuda del Espíritu Santo, quien nos guiará a reconocer qué es lo mejor, según el criterio de Dios, en cada situación dada, y no según nuestros sentimientos egoístas.

d. Son necesarios: sensibilidad al Espíritu Santo; honestidad delante de Dios; disposición a la obediencia, y mucho sentido común.

e. Ninguna esfera debe predominar tanto, que afecte nuestras responsabilidades en las otras esferas.

2. Para discusión en clase

a. Un padre recibe una llamada urgente de su hijito: "Papá, necesito hablar contigo lo más pronto posible." El padre tiene un almuerzo de negocios y una sesión de Junta en la tarde. ¿Qué es prioritario en este caso: su familia o su trabajo?

_____

b. El hijo le pide al papá que lo lleve con unos amigos a un paseo a la playa, pero el papá tiene una reunión de Consistorio de la iglesia ese mismo día. ¿Qué es prioritario: su familia o la iglesia?

_____

c. Un hombre de negocios está muy ocupado. Sus hijos quieren ir a jugar frontón en la tarde, pero tiene una cita con un alto empleado de su empresa. ¿Qué es prioritario: la recreación o el trabajo?

_____

d. Una dama se ha ofrecido como voluntaria para una campaña contra el cáncer. Sus hijas quieren ir esa tarde con ella a jugar tennis. ¿Qué debería escoger: el mundo o la recreación?

_____

e. Ella está al borde del colapso por cansancio, y quiere irse de viaje de descanso por unos días. La presidenta de la Liga Femenil la llama para organizar un esfuerzo de ayuda a los necesitados de la iglesia. ¿Qué es prioritario: la recreación o la iglesia?

_____

De la discusión habrás visto la importancia de ser guiados por el Espíritu Santo, pues no son fáciles las respuestas.

3. Un ejercicio para tu propio beneficio

Anota algunas situaciones durante la semana en que tuviste que elegir prioridades. Compártelas con un compañero de discipulado, y ve si coincide contigo en tu decisión, o te muestra otro punto de vista. No necesariamente van a coincidir en todo. Respétense mutuamente.

a.

_____

b.

_____

c.

_____

d.

_____

e.

_____

f.

_____

B. ESTABLECIENDO METAS

Para ayudarte en tu avance HACIA LA MADUREZ CRISTIANA, debes ir fijándote tus propias metas, sin depender de que otro te diga lo que debes hacer.

Hay seis aspectos en los que debes fijarte metas: tiempo devocional, memorización de las Escrituras, estudio bíblico, testimonio personal, tiempo de oración compartida, y disciplinas prácticas. En las dos páginas siguientes, escribe las metas que, en oración, decides proponerte.

MIS METAS PARA LOS PRÓXIMOS TRES MESES

1. Tiempo devocional

a. Me propongo tener un tiempo de quietud y meditación por lo menos _____ días a la semana, de _____ minutos cada día.

b. Me propongo tener mi cita con Dios diariamente
de _____ a _____.

c. Me propongo hacer mi lectura bíblica diaria de:
_____ y _____

d. Deseo orar prioritariamente por estas peticiones:

(1) _____

(2) _____

(3) _____

(4) _____

(5) _____

2. Memorización de la Biblia

Me propongo memorizar, con la ayuda de Dios, los siguientes textos bíblicos durante los próximos 3 meses:

a. _____   b. _____

c. _____   d. _____

f. _____

3. Estudio de la Biblia

Me propongo estudiar sistemáticamente y durante los próximos tres meses el libro de

_____

4. Testimonio personal

Trataré de ser sensible a la dirección del Espíritu Santo para compartir mi fe, por lo menos _____ veces, con:

a. _____

b. _____

c. _____

5. Oración compartida

Mi compañero (o compañera) de oración en estos 3 meses será:

_____ .

6. Disciplinas prácticas

a. Me propongo tener ___ horas de sueño cada noche, y espero acostarme a las ____ P.M.

b. Me pongo como meta hacer ____ minutos de ejercicio _____ (frecuencia)

c. Espero aumentar ____ kilos de peso.

d. Espero rebajar ____ kilos de peso.

e. Espero mantener mi peso actual de ____ kilos.

f. _____

g. _____

Memoriza el siguiente versículo

"Mira que te mando que te esfuerces y seas valiente; no temas ni desmayes, porque Jehová tu Dios estará contigo en dondequiera que vayas."

Josué 1:8

Notas y comentarios

_____

_____

_____

_____

_____

Nos agradaría recibir noticias suyas.
Por favor, envíe sus comentarios sobre este libro
a la dirección que aparece a continuación.
Muchas gracias.

Editorial Vida
7500 NW 25 Street, Suite 239
Miami, Florida 33122

Vidapub. sales@zondervan.com
http://www.editorialvida.com